Paris Spleen

Paris Spleen

Charles Baudelaire

Translated by Martin Sorrell

ALMA CLASSICS

ALMA CLASSICS
an imprint of

ALMA BOOKS LTD
Thornton House
Thornton Road
Wimbledon Village
London SW19 4NG
United Kingdom
www.almaclassics.com

Paris Spleen first published in French in 1869
First published by Alma Classics in 2010. Reprinted 2012, 2013
Further editions published by Alma Classics in 2015 and 2021
This revised new edition, with facing French text, first published
by Alma Classics in 2023
English translation, Introduction and Notes © Martin Sorrell, 2010, 2023

Printed in Great Britain by CPI Group (UK) Ltd, Croydon CR0 4YY

MIX
Paper | Supporting
responsible forestry
FSC
www.fsc.org   FSC® C171272

ISBN: 978-1-84749-903-5

Contents

Introduction

Baudelaire, wrote the perceptive Rimbaud just four years after the former's death in 1867, was a great visionary, *the* great visionary indeed, but one with a significant shortcoming: the form, or forms, in which he wrote his poetry. Baudelaire's prosody was *mesquine* (mean, ungenerous). The high imagination, the modernity, the lucid intelligence of Baudelaire's seminal 1857 collection of poems, *The Flowers of Evil*, were compromised, according to Rimbaud, by too great an adherence to French prosody's rules. What Rimbaud cannot have been thinking of, however, was Baudelaire's "parallel" book, *Paris Spleen*, the fruit of his ambition to create poetry through prose.

The fact is Baudelaire played a major role in the freeing of poetic expression, a process already under way, begun earlier in his century by Bertrand and Nerval, and in the century before by Rousseau. Baudelaire's fifty extant *petits poèmes en prose* appeared in Volume IV of the posthumous 1869 edition of his collected works; they heralded the search for new forms of poetic expression that his Symbolist successors were soon to undertake – forms fitted to new sensibilities in a new, urbanized world.

Paris Spleen is the prose pendant to the verse of *The Flowers of Evil*. Indeed, a number of the former are reworkings of poems found in *Flowers*. The choice of the noun *spleen* establishes a clear link between the two, calling to mind as it does the heading of *The Flowers of Evil*'s longest section, *Spleen and the Ideal*. Spleen is a very Baudelairian word, connoting a mental and spiritual jaundice and calling to mind the depressive, bilious humour of pre-modern medicine. Clearly, the sensibility that haunts *Paris Spleen* is not cheery and optimistic. But it is

intelligent, shrewd, even compassionate, and leavened with sudden, savage enthusiasm, even gaiety.

However, the section of *The Flowers of Evil* that the prose poems particularly connect with is *Parisian Scenes*, portraits of Paris. That city, where Baudelaire spent the majority of his forty-six years, is in both collections a living, complex and mysterious organism, as unknowable as men are to themselves (*men,* not *women* – Baudelaire's misogyny permeates everything). The range of the fifty prose poems is wide, seeming to deprive the collection of unity. In Barbara Wright's and David Scott's detailed study of *Paris Spleen*, two schemas seek to impose order: one a classification of the fifty pieces by genre – poems, poetic pieces, tirades, moralities, essays, stories; the other a division of contexts into inner worlds and outer worlds. Other commentators find unity in Paris itself, a city in Baudelaire's final years undergoing Haussmann's makeover from post-medieval health hazard to international symbol of urban elegance, a quality absent from the dark, unnamed areas at the limits of the city where Baudelaire goes wandering. For wandering is a unifying force. One title Baudelaire considered for the book he planned was *Le Rôdeur parisien,* or "prowler around Paris". To the extent that Baudelaire himself is the protagonist of a sustained, peripatetic adventure, the collection is held together by the figure not so much of the prowler as the wanderer, ironic and eccentric, the *flâneur* adrift in a wasteland of deprivation, squalor, failed ambition, and rich in flawed and affecting humanity. But for some commentators, the wanderer sheds irony in favour of sincerity as progressively he discovers love and friendship of sorts, no longer entirely a loser among isolated losers. A measure of reconciliation is achieved between the wanderer's thirst for absolute meaning and the far-less-than-perfect reality of people as they are. The ordinary humanity of the wanderer, as well as of the ambitious artist, begins to find recompense in the teeming mess (Baudelaire's description) that is Paris.

Baudelaire's first forays in prose poetry date from 1855, when he contributed early versions of 'Evening Twilight' and 'Solitude' (both in *Paris Spleen*, reworked) to a collection of writing put together for the landscape painter Denecourt. In 1857, Baudelaire wrote and published six prose poems he called *Nocturnal Poems*, and four years later a sequence of nine such appeared in *La Revue fantaisiste*. In 1862, his friend, the newspaper editor Arsène Houssaye, published three batches of Baudelaire's prose poems in *La Presse*, a total of twenty pieces, fourteen of them new, the remainder reprints. But the two men fell out, and Baudelaire then published more prose poems piecemeal in a number of individual reviews. Ultimately forty-five made it into print, and five more were discovered in Baudelaire's effects after his death, and made their way into the posthumous 1869 edition of the *Petits poèmes en prose*. In fact, he did draw up plans for a larger collection of sixty, and then a hundred-plus, whose themes he chose to announce. Some drafts survive. He thought of organizing the intended collection into four sections: Parisian themes, dreams, symbols and moralities, and "other possible headings". It emerges that the Parisian element did not of itself represent the full range of the collection. The choice of title was a problem too, but the fifty extant pieces are now best recognized as *Paris Spleen*, with *Short Poems in Prose* as the subtitle.

But why, as Baudelaire had already evoked the mysterious spirit of Paris in wonderful verse, did he decide to revisit old themes? Some remarks of 1846 make it clear that from an early date the life of Paris had been a rich source of poetic material, and particularly of what the Surrealist movement would later make its central plank, *le merveilleux quotidien* ("the marvellous in daily life"). In his *Salon de 1846*, Baudelaire wrote that "Parisian life is rich in poetic, marvellous subjects. We are surrounded by the marvellous, which sustains us like air itself, but which we do not perceive." Later, in his letter of 1862 to Arsène Houssaye, he gave a cryptic account of his ambition for the prose poem,

writing of a dreamt, miraculous poetic prose, musical though devoid of rhythm and rhyme, sufficiently supple – yet robust – to respond to the lyrical impulses of the soul, the undulations of reverie, the convulsions of our consciences. The idea of major interest here is that the prose should be poetic and musical without the support of metre and rhyme. Did he mean what is sometimes called heightened prose? No. What really he had in mind was a language stripped of artifice, and which could handle a powerful subject endowed with a revelatory quality. Baudelaire's concept of the prose poem may not be persuasive. Epiphany, post-romantic parable, paradoxical fable, meditation, reverie, confession, lyrical prose, might be helpful synonyms. Whatever the label, the prose poem offers range; the prose sentence opens out where the verse line restricts. Plus it allows, more readily than verse, rapid and random changes of mood, contrasts, incongruities. With fewer formal directives, it offers the flexibility to place side by side such antagonists as lyricism and analysis, the glib and the intense, irony and sincerity, beauty and ugliness. On another continent at around the time of Baudelaire, Ralph Waldo Emerson wrote appositely, though not about prose poetry, of "a thought so passionate and alive that, like the spirit of a plant or an animal, it has an architecture of its own, and adorns nature with a new thing".

Not only the nature, but the very possibility of the prose poem have been and remain vexatious matters. The question is, can writing that ignores the terms and conditions of prosody legitimately be called poetry? Whatever one's views, there are good reasons why the poem in prose should have been written by *French* poets taking a fresh look at their heritage. Metre in French poetry works by syllabics – that is, by fixed quantities of syllables per line – as opposed to the English tradition of accented feet. The French syllabic line lengths most often encountered are eight, ten and twelve (the so-called Alexandrine). As French words have no fixed tonic stresses, thus making the rhythms of English unavailable (iambic, trochaic, dactylic, etc.), the rule, not

challenged until the modern era, has been to obtain measured and rhythmic effect with stanzas of equal-length lines, more often than not given further regularity by rhyme, "poor", "adequate" or "rich", depending on the extent of the rhyming components. Until Baudelaire and others in France started to shake things up, a poem had to be in verse to merit that name. Part of Baudelaire's achievement is to have distinguished between verse and what might be termed the poetic *essence* of language. In that regard *Paris Spleen* is a landmark. Its influence has been significant. Without it, no doubt Rimbaud still would have written the *Illuminations,* Lautréamont *Maldoror.* But Baudelaire blazed the trail, as he did, surely, for a number of twentieth-century writers at the junction of prose and poetry, such as Ponge (*The Voice of Things*) and Michaux (*Plume*). Aragon's *flâneur* novel, *The Peasant of Paris*, and the rambles of his co-Surrealists in search of the mysterious significance of the city, especially its abject and nondescript sectors, are descendants of Baudelaire. As are Guy Debord and the Situationists, Surrealism's post-war Parisian inheritors; as are, most recently and in another culture, the London psychogeographers Iain Sinclair and Will Self.

One final remark, however, in case it should seem *Paris Spleen* is exclusively a quirky montage of a city at a particular historical moment. The whole thing is as much a work of the imagination. Baudelaire called imagination the queen of faculties; a sovereign demanding service in the shape of unstinting, creative work. The imagination was the artist's greatest gift and responsibility. But it was not fantasy that Baudelaire meant, nor whimsy, nor science fiction. It was the reimagining of the here-and-now, the recreation of *this* world, of *this* Paris, a modern city in want of modern poetry.

The translator of *Paris Spleen* has to find a prose which matches what Baudelaire hoped his French would be – artlessly poetic. The risk – which Baudelaire himself knew full well he was running – is that the language will be prosaic. Nevertheless, Baudelaire's prose is unusual. Some constructions are complex,

tortuous almost, but never out of control. Sentences can be lengthy, angular and awkward, and dense with meaning. Equally meaningful are the shorter constructions. Previous translators have tended to one of two approaches: British translators to expansiveness, melodiousness, smoothing of the angular and awkward, and US translators to something pared down and abrupt. While the latter might seem better to fit Baudelaire's idea, what it deals with inadequately, in my view, are the moments of unintended lyricism in Baudelaire's French, and the inadvertent tricks of verse, which do crop up. Clearly it was not easy to shed old habits.

In the translations that follow, my aim has been to respect Baudelaire's distinctive syntax and lexical choices, while not fighting entirely shy of appropriate hints of lyricism. I hope that opportunist rhyme, always alluring, has been resisted, if not alliteration and assonance, legitimate on at least some occasions. My aim has been an English prose that gives a decent account of Baudelaire's ambition to reveal poetry in the very structures of prose.

The French text of *Le Spleen de Paris* on which my translations are based is that of C. Pichois in his 1975 edition of the complete works of Baudelaire for the Bibliothèque de la Pléiade. Dates given at the end of the majority of poems indicate the year or years in which that poem appeared in a review, sometimes more than once in a given year.

– Martin Sorrell

Paris Spleen

À ARSÈNE HOUSSAYE

Mon cher ami, je vous envoie un petit ouvrage dont on ne pourrait pas dire, sans injustice, qu'il n'a ni queue ni tête, puisque tout, au contraire, y est à la fois tête et queue, alternativement et réciproquement. Considérez, je vous prie, quelles admirables commodités cette combinaison nous offre à tous, à vous, à moi et au lecteur. Nous pouvons couper où nous voulons, moi ma rêverie, vous le manuscrit, le lecteur sa lecture ; car je ne suspends pas la volonté rétive de celui-ci au fil interminable d'une intrigue superfine. Enlevez une vertèbre, et les deux morceaux de cette tortueuse fantaisie se rejoindront sans peine. Hachez-la en nombreux fragments, et vous verrez que chacun peut exister à part. Dans l'espérance que quelques-uns de ces tronçons seront assez vivants pour vous plaire et vous amuser, j'ose vous dédier le serpent tout entier.

J'ai une petite confession à vous faire. C'est en feuilletant, pour la vingtième fois au moins, le fameux *Gaspard de la Nuit*, d'Aloysius Bertrand (un livre connu de vous, de moi et de quelques-uns de nos amis, n'a-t-il pas tous les droits à être appelé *fameux* ?) que l'idée m'est venue de tenter quelque chose d'analogue, et d'appliquer à la description de la vie moderne, ou plutôt d'*une* vie moderne et plus abstraite, le procédé qu'il avait appliqué à la peinture de la vie ancienne, si étrangement pittoresque.

Quel est celui de nous qui n'a pas, dans ses jours d'ambition, rêvé le miracle d'une prose poétique, musicale sans rhythme et sans rime, assez souple et assez heurtée pour s'adapter aux mouvements lyriques de l'âme, aux ondulations de la rêverie, aux soubresauts de la conscience ?

C'est surtout de la fréquentation des villes énormes, c'est du croisement de leurs innombrables rapports que naît cet idéal obsédant. Vous-même, mon cher ami, n'avez-vous pas tenté de traduire en une *chanson* le cri strident du *Vitrier*, et d'exprimer dans une prose lyrique toutes les désolantes suggestions que ce cri envoie jusqu'aux mansardes, à travers les plus hautes brumes de la rue ?

To Arsène Houssaye

Dear friend, I send you a modest work which people would be wrong to say has neither head nor tail, since, on the contrary, it is all alternately and reciprocally head and tail. I ask you to bear in mind the admirable permutations this arrangement offers us all, you, me, the reader. We can break off where we choose, I my reverie, you the manuscript, the reader his reading; for I have not tied his reluctant will to the interminable thread of some pointless plot. Remove a vertebra and the two parts of my tortuous fantasy join effortlessly. Chop it into several pieces, you will see that each survives on its own. In the hope these segments are sufficiently alive to give you pleasure and amusement, I dedicate the entire snake to you.

I have a small confession. Leafing through Aloysius Bertrand's famous *Gaspard de la nuit** for at least the twentieth time (when a book is known to you, me and a few of our friends, doesn't that make it famous?), the idea came to me to try something analogous, and to apply to the description of modern life, or rather a modern and more abstract life, the process he applied to his portrait of an earlier age, curiously picturesque.

Who has not, in his days of ambition, dreamt this miracle, a poetic prose, musical without rhythm or rhyme, supple and choppy enough to accommodate the lyrical movement of the soul, the undulations of reverie, the bump and lurch of consciousness?

It is above all in the habit of huge cities, the endless criss-crossing of their ways, that this obsessive ideal originates. You have yourself, dear friend, wished to put into song the glazier's grating cry*, and render in lyrical prose its heartbreaking resonances, carried up to attic rooms higher than the mist in the street.

Mais, pour dire le vrai, je crains que ma jalousie ne m'ait pas porté bonheur. Sitôt que j'eus commencé le travail, je m'aperçus que non-seulement je restais bien loin de mon mystérieux et brillant modèle, mais encore que je faisais quelque chose (si cela peut s'appeler *quelque chose*) de singulièrement différent, accident dont tout autre que moi s'enorgueillirait sans doute, mais qui ne peut qu'humilier profondément un esprit qui regarde comme le plus grand honneur du poëte d'accomplir *juste* ce qu'il a projeté de faire.

Votre bien affectionné,

C. B.

But to be frank, I fear my jealousy has not brought me luck. Hardly had I started work than I realized not only was I falling far short of my mysterious and brilliant model, but by accident was making something (if *something* is the right word) very different, a source of pride no doubt to anyone else, but which only shames profoundly the mind that considers it the poet's greatest honour to accomplish *just* what he has set out to do.

 Warmly yours,

C.B.

26th August 1862

1. L'ÉTRANGER

— Qui aimes-tu le mieux, homme énigmatique, dis ? ton père, ta mère, ta sœur ou ton frère ?

— Je n'ai ni père, ni mère, ni sœur, ni frère.

— Tes amis ?

— Vous vous servez là d'une parole dont le sens m'est resté jusqu'à ce jour inconnu.

— Ta patrie ?

— J'ignore sous quelle latitude elle est située.

— La beauté ?

— Je l'aimerais volontiers, déesse et immortelle.

— L'or ?

— Je le hais comme vous haïssez Dieu.

— Eh ! qu'aimes-tu donc, extraordinaire étranger ?

— J'aime les nuages… les nuages qui passent… là-bas… les merveilleux nuages !

1. The Stranger

"Tell me, enigmatic man, who do you love best, your father, mother, sister, brother?"

"I have no father, mother, sister, brother."

"Friends?"

"There's a word whose meaning eludes me to this day."

"Your country?"

"Wherever that may be."

"Beauty?"

"I would happily love her if she were a goddess and immortal."

"Money?"

"I despise, as you despise God."

"Well, remarkable stranger, what do you love?"

"I love the clouds... the clouds passing... there... away over there... the marvellous clouds!"

1862

2. LE DÉSESPOIR DE LA VIEILLE

La petite vieille ratatinée se sentit toute réjouie en voyant ce joli enfant à qui chacun faisait fête, à qui tout le monde voulait plaire ; ce joli être, si fragile comme elle, la petite vieille, et, comme elle aussi, sans dents et sans cheveux.

Et elle s'approcha de lui, voulant lui faire des risettes et des mines agréables.

Mais l'enfant épouvanté se débattait sous les caresses de la bonne femme décrépite, et remplissait la maison de ses glapissements.

Alors la bonne vieille se retira dans sa solitude éternelle, et elle pleurait dans un coin, se disant : — « Ah ! pour nous, malheureuses vieilles femelles, l'âge est passé de plaire, même aux innocents ; et nous faisons horreur aux petits enfants que nous voulons aimer ! »

2. The Old Woman's Despair

The little, shrivelled old woman was filled with joy before the lovely infant everyone was fussing over. Such a pretty thing, so fragile, like her, the little old woman, and like her, missing teeth and hair.

So she moved closer to the child, intending to bill and coo and pull nice faces.

But the child took fright and kicked and thrashed when the decrepit old lady tried a cuddle; the house was filled with yells.

So the poor soul scurried back to her eternal solitude; in a corner she wept. She told herself: "Ah, the good days are gone for us old bags. We bring no one pleasure, not even the innocent; and we horrify the little darlings we so want to love!"

1862

3. LE *CONFITEOR* DE L'ARTISTE

Que les fins de journées d'automne sont pénétrantes ! Ah ! pénétrantes jusqu'à la douleur ! car il est de certaines sensations délicieuses dont le vague n'exclut pas l'intensité ; et il n'est pas de pointe plus acérée que celle de l'Infini.

Grand délice que celui de noyer son regard dans l'immensité du ciel et de la mer ! Solitude, silence, incomparable chasteté de l'azur ! une petite voile frissonnante à l'horizon, et qui par sa petitesse et son isolement imite mon irrémédiable existence, mélodie monotone de la houle, toutes ces choses pensent par moi, ou je pense par elles (car dans la grandeur de la rêverie, le *moi* se perd vite !) ; elles pensent, dis-je, mais musicalement et pittoresquement, sans arguties, sans syllogismes, sans déductions.

Toutefois, ces pensées, qu'elles sortent de moi ou s'élancent des choses, deviennent bientôt trop intenses. L'énergie dans la volupté crée un malaise et une souffrance positive. Mes nerfs trop tendus ne donnent plus que des vibrations criardes et douloureuses.

Et maintenant la profondeur du ciel me consterne ; sa limpidité m'exaspère. L'insensibilité de la mer, l'immuabilité du spectacle, me révoltent... Ah ! faut-il éternellement souffrir, ou fuir éternellement le beau ? Nature, enchanteresse sans pitié, rivale toujours victorieuse, laisse-moi ! Cesse de tenter mes désirs et mon orgueil ! L'étude du beau est un duel où l'artiste crie de frayeur avant d'être vaincu.

3. The Artist's Confiteor*

How piercing the end of an autumn day! Piercing to the point of pain, for certain delightful sensations, vague as they are, are intense, and nothing gives a sharper pang than Infinity.

What greater delight than to immerse the eye in the immensity of sky and sea! Solitude, silence, incomparable chaste blue! The shiver of a minute sail on the horizon, tiny, solitary, mimicking my hapless existence; monotonous melody of the waves – all these things think through me, or I through them (for in the grandeur of reverie the *I* soon vanishes!). These things think, I say, but musically and picturesquely, no quibbles, syllogisms, deduction.

And yet these thoughts, whether from within me or from external things, soon grow too fierce. Voluptuous energy creates malaise and active suffering. My over-strung nerves emit only shrill and painful vibrations.

Now the unending sky disconcerts me; its clarity is exasperating. The unconcern of the sea, the immutability of the spectacle, I find sickening... Ah! Must one suffer eternally, or eternally flee from beauty? Nature, pitiless enchantress, ever-victorious rival, let me be! Tempt no longer my desires and my pride! The study of the beautiful is a duel; the artist cries in terror, then loses.

1862

4. UN PLAISANT

C'était l'explosion du nouvel an : chaos de boue et de neige, traversé de mille carrosses, étincelant de joujoux et de bonbons, grouillant de cupidités et de désespoirs, délire officiel d'une grande ville fait pour troubler le cerveau du solitaire le plus fort.

Au milieu de ce tohu-bohu et de ce vacarme, un âne trottait vivement, harcelé par un malotru armé d'un fouet.

Comme l'âne allait tourner l'angle d'un trottoir, un beau monsieur ganté, verni, cruellement cravaté et emprisonné dans des habits tout neufs, s'inclina cérémonieusement devant l'humble bête, et lui dit, en ôtant son chapeau : « Je vous la souhaite bonne et heureuse ! » puis se retourna vers je ne sais quels camarades avec un air de fatuité, comme pour les prier d'ajouter leur approbation à son contentement.

L'âne ne vit pas ce beau plaisant, et continua de courir avec zèle où l'appelait son devoir.

Pour moi, je fus pris subitement d'une incommensurable rage contre ce magnifique imbécile, qui me parut concentrer en lui tout l'esprit de la France.

4. *A Wit*

All around, New Year's Eve explodes: a chaos of slush and snow striped by a thousand carriage wheels; toys and sweets sparkling; hopelessness and greed crawling; the sanctioned madness of a city, the very thing to disrupt the most resolute loner's brain.

Amid the madness, the decibels, a donkey was proceeding at a good clip, poked and prodded by an oaf with a whip.

Just as the donkey was starting round a corner, a fine fellow, imprisoned in a brand-new outfit – gloves and gloss and cruel cravat – bowed theatrically before the humble beast and, removing his hat, said: "May the new year bring you joy and happiness!" Then he turned to face his unseen chums, pleased as Punch, as if requiring the endorsement of applause.

The donkey was unaware of this great wit; he hurried on wherever duty was taking him.

For my part, I was seized suddenly by irrational rage against this idiotic peacock, who seemed to me to embody the whole spirit of France.

1862

5. LA CHAMBRE DOUBLE

Une chambre qui ressemble à une rêverie, une chambre véritablement *spirituelle,* où l'atmosphère stagnante est légèrement teintée de rose et de bleu.

L'âme y prend un bain de paresse, aromatisé par le regret et le désir. — C'est quelque chose de crépusculaire, de bleuâtre et de rosâtre ; un rêve de volupté pendant une éclipse.

Les meubles ont des formes allongées, prostrées, alanguies. Les meubles ont l'air de rêver ; on les dirait doués d'une vie somnambulique, comme le végétal et le minéral. Les étoffes parlent une langue muette, comme les fleurs, comme les ciels, comme les soleils couchants.

Sur les murs nulle abomination artistique. Relativement au rêve pur, à l'impression non analysée, l'art défini, l'art positif est un blasphème. Ici, tout a la suffisante clarté et la délicieuse obscurité de l'harmonie.

Une senteur infinitésimale du choix le plus exquis, à laquelle se mêle une très-légère humidité, nage dans cette atmosphère, où l'esprit sommeillant est bercé par des sensations de serre-chaude.

La mousseline pleut abondamment devant les fenêtres et devant le lit ; elle s'épanche en cascades neigeuses. Sur ce lit est couchée l'Idole, la souveraine des rêves. Mais comment est-elle ici ? Qui l'a amenée ? quel pouvoir magique l'a installée sur ce trône de rêverie et de volupté ? Qu'importe ? la voilà ! je la reconnais.

Voilà bien ces yeux dont la flamme traverse le crépuscule ; ces subtiles et terribles *mirettes,* que je reconnais à leur effrayante malice ! Elles attirent, elles subjuguent, elles dévorent le regard de l'imprudent qui les contemple. Je les ai souvent étudiées, ces étoiles noires qui commandent la curiosité et l'admiration.

À quel démon bienveillant dois-je d'être ainsi entouré de mystère, de silence, de paix et de parfums ? Ô béatitude ! ce que nous nommons généralement la vie, même dans son expansion la plus heureuse, n'a rien

5. *The Double Room*

A room resembling reverie, a truly *spiritual* room, whose stagnant atmosphere is brushed with the lightest pinks and blues.

Where the soul bathes in idleness, scented with regret and desire – something crepuscular, something bluish and roseate, a voluptuous dream during an eclipse.

Low furniture, long, languid, in a state of trance, a life asleep, vegetal, mineral. The hangings speak a silent language, like flowers, like skies, like setting suns.

No crass art on the walls. Compared to pure dream, to undissected impression, the art of contour and definition is blasphemy. Here, everything has the right degree of clarity and the delicious darkness of harmony.

The faint notes of an exquisite taste, a fragrance touched by damp, swim in this atmosphere, where the drowsy mind sways amid hothouse sensations.

Snowdrifts of muslin at the window and round the bed. On this bed the Idol reposes, queen of dreams. How is it she is here? Who has brought her? What magic power has placed her on this throne of reverie and pleasure? No matter! She is there! I recognize her.

Those indeed are eyes whose flame pierces dusk; subtle, terrible *beadies*, which I know by their fearful malice! They draw in, vanquish, consume the gaze of the fool who dares stare back. I have often studied those dark stars that compel curiosity and admiration.

Which guardian daemon must I thank for setting me among mystery, silence, peace, perfume? Such beatitude! What we choose to call life, even at its most gloriously expansive, has

de commun avec cette vie suprême dont j'ai maintenant connaissance et que je savoure minute par minute, seconde par seconde !

Non ! il n'est plus de minutes, il n'est plus de secondes ! Le temps a disparu ; c'est l'Éternité qui règne, une éternité de délices !

Mais un coup terrible, lourd, a retenti à la porte, et, comme dans les rêves infernaux, il m'a semblé que je recevais un coup de pioche dans l'estomac.

Et puis un Spectre est entré. C'est un huissier qui vient me torturer au nom de la loi ; une infâme concubine qui vient crier misère et ajouter les trivialités de sa vie aux douleurs de la mienne ; ou bien le saute-ruisseau d'un directeur de journal qui réclame la suite du manuscrit.

La chambre paradisiaque, l'idole, la souveraine des rêves, la *Sylphide,* comme disait le grand René, toute cette magie a disparu au coup brutal frappé par le Spectre.

Horreur ! je me souviens ! je me souviens ! Oui ! ce taudis, ce séjour de l'éternel ennui, est bien le mien. Voici les meubles sots, poudreux, écornés ; la cheminée sans flamme et sans braise, souillée de crachats ; les tristes fenêtres où la pluie a tracé des sillons dans la poussière ; les manuscrits, raturés ou incomplets ; l'almanach où le crayon a marqué les dates sinistres !

Et ce parfum d'un autre monde, dont je m'enivrais avec une sensibilité perfectionnée, hélas ! il est remplacé par une fétide odeur de tabac mêlée à je ne sais quelle nauséabonde moisissure. On respire ici maintenant le ranci de la désolation.

Dans ce monde étroit, mais si plein de dégoût, un seul objet connu me sourit : la fiole de laudanum ; une vieille et terrible amie ; comme toutes les amies, hélas ! féconde en caresses et en traîtrises.

Oh ! oui ! Le Temps a reparu ; Le Temps règne en souverain maintenant ; et avec le hideux vieillard est revenu tout son démoniaque cortége de Souvenirs, de Regrets, de Spasmes, de Peurs, d'Angoisses, de Cauchemars, de Colères et de Névroses.

Je vous assure que les Secondes maintenant sont fortement et solennellement accentuées, et chacune, en jaillissant de la pendule, dit : — « Je suis la Vie, l'insupportable, l'implacable Vie ! »

nothing in common with this, the supreme life I now know and savour minute by minute, second by second.

No! No more minutes, no more seconds! Time has disappeared. Eternity reigns, an eternity of delight!

But then there was a terrific bang on the door, and as in hellish dreams, I thought a pickaxe had lodged in my guts.

Then there entered a spectre, a bailiff maybe, come to plague me in the name of the law; maybe a disgusting whore pleading poverty and heaping the trivia of her existence onto the woes of mine, or a publisher's errand boy sent to demand my latest chapter.

The paradisal room, the Idol, the queen of dreams, the Sylphid,* as the great René called her, all the magic was knocked away by the spectre's brutal thump.

Horror! I remember, I remember! Oh yes, this hovel, this home to eternal ennui, is indeed my own. Look at that stupid furniture, chipped, covered in dust; the hearth devoid of fire and flame, soiled with spittle; the sad windows, where rain has ploughed furrows through the grime; manuscripts, crossed out or unfinished; the calendar with its pencil rings round ominous dates!

And that fragrance of another world, which sent my seasoned sensibility reeling, has been displaced, alas, by the rank odour of tobacco mixed with God knows what stomach-turning damp. Now lungs breathe rancid desolation.

In this reduced world, so full of disgust, just one familiar object consoles me: the phial of laudanum, old and frightful mistress – and like all lovers, alas, rich with caresses and betrayals.

Ah indeed, Time is back, and reigns supreme now; and that hideous old personage has brought all his fiendish retinue of Memories, Regrets, Fits, Phobias, Anguish, Nightmares, Rage and Neuroses.

The truth is that now the Seconds are strongly and solemnly accented. Each one, leaping from the clock, declares: "I am Life, unbearable, implacable Life!"

Il n'y a qu'une Seconde dans la vie humaine qui ait mission d'annoncer une bonne nouvelle, la *bonne nouvelle* qui cause à chacun une inexplicable peur.

Oui ! le Temps règne ; il a repris sa brutale dictature. Et il me pousse, comme si j'étais un bœuf, avec son double aiguillon. — « Et hue donc ! bourrique ! Sue donc, esclave ! Vis donc, damné ! »

There is just one Second of human existence whose role is to announce good news, the *good news* that strikes inexplicable fear in us all.

Yes, Time reigns; his brutal dictatorship is restored. And he prods me forward with his double goad, as if I were an ox – "Whoa, donkey, move! Sweat, slave! Live, and damn you!"

1862

6. CHACUN SA CHIMÈRE

Sous un grand ciel gris, dans une grande plaine poudreuse, sans chemins, sans gazon, sans un chardon, sans une ortie, je rencontrai plusieurs hommes qui marchaient courbés.

Chacun d'eux portait sur son dos une énorme Chimère, aussi lourde qu'un sac de farine ou de charbon, ou le fourniment d'un fantassin romain.

Mais la monstrueuse bête n'était pas un poids inerte ; au contraire, elle enveloppait et opprimait l'homme de ses muscles élastiques et puissants ; elle s'agrafait avec ses deux vastes griffes à la poitrine de sa monture ; et sa tête fabuleuse surmontait le front de l'homme, comme un de ces casques horribles par lesquels les anciens guerriers espéraient ajouter à la terreur de l'ennemi.

Je questionnai l'un de ces hommes, et je lui demandai où ils allaient ainsi. Il me répondit qu'il n'en savait rien, ni lui, ni les autres ; mais qu'évidemment ils allaient quelque part, puisqu'ils étaient poussés par un invincible besoin de marcher.

Chose curieuse à noter : aucun de ces voyageurs n'avait l'air irrité contre la bête féroce suspendue à son cou et collée à son dos ; on eût dit qu'il la considérait comme faisant partie de lui-même. Tous ces visages fatigués et sérieux ne témoignaient d'aucun désespoir ; sous la coupole spleenétique du ciel, les pieds plongés dans la poussière d'un sol aussi désolé que ce ciel, ils cheminaient avec la physionomie résignée de ceux qui sont condamnés à espérer toujours.

Et le cortége passa à côté de moi et s'enfonça dans l'atmosphère de l'horizon, à l'endroit où la surface arrondie de la planète se dérobe à la curiosité du regard humain.

Et pendant quelques instants je m'obstinai à vouloir comprendre ce mystère ; mais bientôt l'irrésistible Indifférence s'abattit sur moi, et j'en fus plus lourdement accablé qu'ils ne l'étaient eux-mêmes par leurs écrasantes Chimères.

6. To Each His Chimera

Under a huge grey sky, on a vast dusty plain without path, thistle, thorn or nettle, I encountered several men trudging, backs bent.

Each bore on his shoulders an enormous Chimera, heavy as a sack of flour or coal or a Roman legionnaire's pack.

Yet the monster was anything but deadweight; on the contrary, it enveloped and squeezed its man with powerful, elastic muscles; it clamped itself to its mount's chest by means of two great claws; and its fabled head surmounted its man's brow, like one of those chilling helmets ancient warriors wore to cause their enemies additional panic.

I questioned one of these men, asked him where they were going. He replied that neither he nor the others had the slightest idea; but manifestly they were going somewhere, since they were impelled by an imperious need to advance.

A curious fact: not one of these travellers appeared irritated by the ferocious beast hanging from his neck and glued to his back; the impression was that each considered it a part of himself. Not one of those exhausted, serious faces betrayed despair; under the sky's splenetic dome, their feet deep in dust as desolate as that sky, they walked with the resigned air of those condemned to eternal hope.

So the convoy passed in front of me, then was lost in the atmosphere of the horizon, at the point where the planet's surface curves away from the inquisitive eye.

And for some moments I endeavoured to resolve the mystery; but soon irresistible Indifference settled over me, and I became more weighed down than they by their crushing Chimeras.

1862

7. LE FOU ET LA VÉNUS

Quelle admirable journée ! Le vaste parc se pâme sous l'œil brûlant du soleil, comme la jeunesse sous la domination de l'Amour.

L'extase universelle des choses ne s'exprime par aucun bruit ; les eaux elles-mêmes sont comme endormies. Bien différente des fêtes humaines, c'est ici une orgie silencieuse.

On dirait qu'une lumière toujours croissante fait de plus en plus étinceler les objets ; que les fleurs excitées brûlent du désir de rivaliser avec l'azur du ciel par l'énergie de leurs couleurs, et que la chaleur, rendant visibles les parfums, les fait monter vers l'astre comme des fumées.

Cependant, dans cette jouissance universelle, j'ai aperçu un être affligé.

Aux pieds d'une colossale Vénus, un de ces fous artificiels, un de ces bouffons volontaires chargés de faire rire les rois quand le Remords ou l'Ennui les obsède, affublé d'un costume éclatant et ridicule, coiffé de cornes et de sonnettes, tout ramassé contre le piédestal, lève des yeux pleins de larmes vers l'immortelle Déesse.

Et ses yeux disent : — « Je suis le dernier et le plus solitaire des humains, privé d'amour et d'amitié, et bien inférieur en cela au plus imparfait des animaux. Cependant je suis fait, moi aussi, pour comprendre et sentir l'immortelle Beauté ! Ah ! Déesse ! ayez pitié de ma tristesse et de mon délire ! »

Mais l'implacable Vénus regarde au loin je ne sais quoi avec ses yeux de marbre.

7. Venus and the Fool

What a splendid day! The great park swoons beneath the sun's searing gaze, like youth under Love's command.

The universal ecstasy of things is expressed by no sound at all; even the waters appear to sleep. Unlike human rejoicing, here the orgy is silent.

It seems the ever-strengthening light makes objects sparkle more and more; excited flowers burn with the desire to pit the force of their colours against the blue of the sky; it seems the heat discloses scents and lifts them like smoke towards the star.

And yet, amid this universal celebration, I have spotted one afflicted being.

At the feet of a colossal Venus, one of those professional Fools whose job it is to make kings laugh whenever overwhelmed by Remorse or Ennui, and got up in a loud and ridiculous costume, coiffed with horns and bells, hunched against the base of the statue, turns his tearful eyes towards the immortal goddess.

And his eyes say: "I am the last and loneliest of men, not permitted love or friendship, which makes me worse than the most imperfect animal. But I too have been created wanting to know, feel immortal Beauty! Goddess, take pity on my sadness and delirium!"

But unmoving Venus has her marble gaze set far away on who knows what.

1862

8. LE CHIEN ET LE FLACON

« — Mon beau chien, mon bon chien, mon cher toutou, approchez et venez respirer un excellent parfum acheté chez le meilleur parfumeur de la ville. »

Et le chien, en frétillant de la queue, ce qui est, je crois, chez ces pauvres êtres, le signe correspondant du rire et du sourire, s'approche et pose curieusement son nez humide sur le flacon débouché ; puis, reculant soudainement avec effroi, il aboie contre moi en manière de reproche.

« — Ah ! misérable chien, si je vous avais offert un paquet d'excréments, vous l'auriez flairé avec délices et peut-être dévoré. Ainsi, vous-même, indigne compagnon de ma triste vie, vous ressemblez au public, à qui il ne faut jamais présenter des parfums délicats qui l'exaspèrent, mais des ordures soigneusement choisies. »

8. *The Dog and the Scent Bottle*

"My nice dog, my lovely dog, come here my little doggie and have a sniff of this gorgeous scent, bought from the best perfumer in town."

And the dog, wagging its tail – the sign, I believe, in these poor creatures that corresponds to human smile and laughter – approaches and puts its damp, questioning nose to the un-stoppered bottle; then, suddenly recoiling with fear, starts to bark at me, the sign of reproach.

"Ah, you wretched dog, had I offered you a bag of excrement, you would have opened your nostrils in pure pleasure, and even eaten it. You, shabby companion of my sad life, are exactly like the populace, to whom delicate fragrances, which it finds exasperating, should never be proffered, but only carefully chosen muck."

1862

9. LE MAUVAIS VITRIER

Il y a des natures purement contemplatives et tout à fait impropres à l'action, qui cependant, sous une impulsion mystérieuse et inconnue, agissent quelquefois avec une rapidité dont elles se seraient crues elles-mêmes incapables.

Tel qui, craignant de trouver chez son concierge une nouvelle chagrinante, rôde lâchement une heure devant sa porte sans oser rentrer, tel qui garde quinze jours une lettre sans la décacheter, ou ne se résigne qu'au bout de six mois à opérer une démarche nécessaire depuis un an, se sentent quelquefois brusquement précipités vers l'action par une force irrésistible, comme la flèche d'un arc. Le moraliste et le médecin, qui prétendent tout savoir, ne peuvent pas expliquer d'où vient si subitement une si folle énergie à ces âmes paresseuses et voluptueuses, et comment, incapables d'accomplir les choses les plus simples et les plus nécessaires, elles trouvent à une certaine minute un courage de luxe pour exécuter les actes les plus absurdes et souvent même les plus dangereux.

Un de mes amis, le plus inoffensif rêveur qui ait existé, a mis une fois le feu à une forêt pour voir, disait-il, si le feu prenait avec autant de facilité qu'on l'affirme généralement. Dix fois de suite, l'expérience manqua ; mais, à la onzième, elle réussit beaucoup trop bien.

Un autre allumera un cigare à côté d'un tonneau de poudre, *pour voir, pour savoir, pour tenter la destinée,* pour se contraindre lui-même à faire preuve d'énergie, pour faire le joueur, pour connaître les plaisirs de l'anxiété, pour rien, par caprice, par désœuvrement.

C'est une espèce d'énergie qui jaillit de l'ennui et de la rêverie ; et ceux en qui elle se manifeste si inopinément sont, en général, comme je l'ai dit, les plus indolents et les plus rêveurs des êtres.

Un autre, timide à ce point qu'il baisse les yeux même devant les regards des hommes, à ce point qu'il lui faut rassembler toute sa pauvre volonté pour entrer dans un café ou passer devant le bureau d'un

9. The Bad Glazier

There exist natures purely contemplative, wholly unsuited to action, yet which sometimes, mysteriously and inexplicably impelled, act with a rapidity even they would have thought beyond them.

Such as those who, dreading that bad news awaits them in the concierge's lodge, pace around for an hour, too fearful to enter; or those who leave a letter unopened for two weeks, or put off for a further six months a matter which should have been settled a year before. Sometimes it seems an irresistible force impels them to action, like an arrow obeying the bow. Moralists and doctors, who claim to know everything, cannot explain how such wild, sudden energy comes to these indolent lovers of pleasure, nor how, incapable of performing the simplest unavoidable task, they find at certain moments the highest-quality courage to perform the most absurd acts, and frequently even the most dangerous.

A friend of mine, the most innocuous dreamer imaginable, once set light to a forest to see, he said, whether fire took hold as readily as everyone claimed. Ten times in a row the experiment failed; the eleventh attempt was all too successful.

And then, another man will light a cigar next to a gunpowder keg, *to see, to know, to tempt fate*; to make himself prove his energy, take a risk, experience the delight of anxiety; for no reason, on a whim, to fill the time.

This is a kind of energy born of ennui and reverie. Those in whom it manifests itself so unexpectedly are, as I say, humanity's most indolent dreamers.

Yet another person, so timid he can never look anyone in the eye, or must rally all his feeble will to enter a café, or make it past a theatre box office – whose staff he considers endowed with

théâtre, où les contrôleurs lui paraissent investis de la majesté de Minos, d'Éaque et de Rhadamanthe, sautera brusquement au cou d'un vieillard qui passe à côté de lui et l'embrassera avec enthousiasme devant la foule étonnée.

— Pourquoi ? Parce que… parce que cette physionomie lui était irrésistiblement sympathique ? Peut-être ; mais il est plus légitime de supposer que lui-même il ne sait pas pourquoi.

J'ai été plus d'une fois victime de ces crises et de ces élans, qui nous autorisent à croire que des Démons malicieux se glissent en nous et nous font accomplir, à notre insu, leurs plus absurdes volontés.

Un matin je m'étais levé maussade, triste, fatigué d'oisiveté, et poussé, me semblait-il, à faire quelque chose de grand, une action d'éclat ; et j'ouvris la fenêtre, hélas !

(Observez, je vous prie, que l'esprit de mystification qui, chez quelques personnes, n'est pas le résultat d'un travail ou d'une combinaison, mais d'une inspiration fortuite, participe beaucoup, ne fût-ce que par l'ardeur du désir, de cette humeur, hystérique selon les médecins, satanique selon ceux qui pensent un peu mieux que les médecins, qui nous pousse sans résistance vers une foule d'actions dangereuses ou inconvenantes.)

La première personne que j'aperçus dans la rue, ce fut un vitrier dont le cri perçant, discordant, monta jusqu'à moi à travers la lourde et sale atmosphère parisienne. Il me serait d'ailleurs impossible de dire pourquoi je fus pris à l'égard de ce pauvre homme d'une haine aussi soudaine que despotique.

« — Hé ! hé ! » et je lui criai de monter. Cependant je réfléchissais, non sans quelque gaieté, que, la chambre étant au sixième étage et l'escalier fort étroit, l'homme devait éprouver quelque peine à opérer son ascension et accrocher en maint endroit les angles de sa fragile marchandise.

Enfin il parut : j'examinai curieusement toutes ses vitres, et je lui dis : « — Comment ? vous n'avez pas de verres de couleur ? des verres roses, rouges, bleus, des vitres magiques, des vitres de paradis ? Impudent que vous êtes ! vous osez vous promener dans des quartiers pauvres, et vous n'avez pas même de vitres qui fassent voir la vie en beau ! » Et je le poussai vivement vers l'escalier, où il trébucha en grognant.

the majesty of Minos, Aeacus and Rhadamanthus* – will suddenly throw himself on the neck of some ancient fellow who happens to be there and, to general consternation, embrace him with enthusiasm.

Why? Because… because those features moved him too much? Perhaps. But it is most likely he himself has no explanation.

More than once I have been the victim of these fits and crises, which give weight to the idea that malevolent daemons insinuate themselves into us and make us fulfil their oddest wishes unwittingly.

One morning I rose, lethargic, out of sorts, worn down with inactivity, and, thinking I must do something grandiose and memorable, stupidly I opened a window.

(Note that the taste for mystification, which in some is the result not so much of effort or planning as of random inspiration, shares much, if only through an intensity of desire, with that humour – hysterical, say doctors, satanic, say those of a subtler intelligence – which pushes us obediently into every kind of dangerous or inappropriate action.)

The first person I saw in the street below was a glazier, whose piercing, tuneless cry reached me through the cloying Parisian air. Why I took so completely and despotically against the poor fellow I cannot begin to tell you.

"You down there," I shouted, "come up!" As I waited I reflected, not without a certain joy, that since my room was on the sixth floor, and the staircase very narrow, he would inevitably have difficulties scaling the heights and would keep catching the edges of his fragile merchandise.

Finally he appeared. I scrutinized his wares, then said: "What, no coloured glass, no pinks, reds, blues, no magic panels, no windows on paradise? How dare you, how dare you parade through the poor quarters without glass to make life look beautiful!" And with that I shoved him back towards the stairs, down which he stumbled, cursing.

Je m'approchai du balcon et je me saisis d'un petit pot de fleurs, et quand l'homme reparut au débouché de la porte, je laissai tomber perpendiculairement mon engin de guerre sur le rebord postérieur de ses crochets ; et le choc le renversant, il acheva de briser sous son dos toute sa pauvre fortune ambulatoire qui rendit le bruit éclatant d'un palais de cristal crevé par la foudre.

Et, ivre de ma folie, je lui criai furieusement : « La vie en beau ! la vie en beau ! »

Ces plaisanteries nerveuses ne sont pas sans péril, et on peut souvent les payer cher. Mais qu'importe l'éternité de la damnation à qui a trouvé dans une seconde l'infini de la jouissance ?

I moved to the balcony, grabbed a small pot of flowers, and when the man emerged from the doorway, I released my ordnance, which fell plumb onto the hooks of his pack. The shock made him fall backwards and smash his meagre ambulant fortune. The sound was of a glass palace shattered by lightning.

And drunk on my madness I raged at him: "Make life beautiful, make life beautiful!"

Such tortured antics are not without danger, and often they cost us dear. But what does eternal hellfire matter to someone who for one second has known an infinity of joy?

1862

10. À UNE HEURE DU MATIN

Enfin ! seul ! On n'entend plus que le roulement de quelques fiacres attardés et éreintés. Pendant quelques heures, nous posséderons le silence, sinon le repos. Enfin ! la tyrannie de la face humaine a disparu, et je ne souffrirai plus que par moi-même.

Enfin ! il m'est donc permis de me délasser dans un bain de ténèbres ! D'abord, un double tour à la serrure. Il me semble que ce tour de clef augmentera ma solitude et fortifiera les barricades qui me séparent actuellement du monde.

Horrible vie ! Horrible ville ! Récapitulons la journée : avoir vu plusieurs hommes de lettres, dont l'un m'a demandé si l'on pouvait aller en Russie par voie de terre (il prenait sans doute la Russie pour une île) ; avoir disputé généreusement contre le directeur d'une revue, qui à chaque objection répondait : « — C'est ici le parti des honnêtes gens, » ce qui implique que tous les autres journaux sont rédigés par des coquins ; avoir salué une vingtaine de personnes, dont quinze me sont inconnues ; avoir distribué des poignées de main dans la même proportion, et cela sans avoir pris la précaution d'acheter des gants ; être monté pour tuer le temps, pendant une averse, chez une sauteuse qui m'a prié de lui dessiner un costume de *Vénustre* ; avoir fait ma cour à un directeur de théâtre, qui m'a dit en me congédiant : « — Vous feriez peut-être bien de vous adresser à Z… ; c'est le plus lourd, le plus sot et le plus célèbre de tous mes auteurs, avec lui vous pourriez peut-être aboutir à quelque chose. Voyez-le, et puis nous verrons ; » m'être vanté (pourquoi ?) de plusieurs vilaines actions que je n'ai jamais commises, et avoir lâchement nié quelques autres méfaits que j'ai accomplis avec joie, délit de fanfaronnade, crime de respect humain ; avoir refusé à un ami un service facile, et donné une recommandation écrite à un parfait drôle ; ouf ! est-ce bien fini ?

Mécontent de tous et mécontent de moi, je voudrais bien me racheter et m'enorgueillir un peu dans le silence et la solitude de la nuit. Âmes

10. One a.m.

Alone at last! Nothing is heard except the rumble of some weary late-night cabs. For a few hours we will be vouchsafed silence, if not rest. At last, the tyranny of the human face has gone, and my only source of suffering will be myself.

So, at last, I am allowed to sink into a bath of shadows! First, lock the door. I sense that these two turns of the key will deepen my solitude and reinforce the barricades which keep me apart from the world.

Horrible life! Horrible city! Résumé of the day: met several men of letters, one of whom enquired if Russia could be reached overland (doubtless he thought Russia an island); argued at length with the director of a journal, who answered my every objection with: "We hold traditional values here", which implies that all other papers are edited by villains; greeted a score of people, fifteen of them unknown to me; same number of handshakes, unprotected by the gloves I should have bought; during a downpour, to kill time, visited a tumbler;* she asked me to design her a *Venustra** costume; buttered up a theatre director who, on showing me out, said: "My advice, have a word with Z***, the most plodding, stupid and famous of all my writers; perhaps together you could work something out. Come back when you've seen him"; bragged (why?) that I had done several shabby things I had not, and, regarding misdeeds I *had* committed, wallowed in the cowardly denials of an egregious self-server, an offence to human dignity; refused a friend a simple favour, but wrote a recommendation for a buffoon – oof! Is that the lot?

Unhappy with everyone, unhappy with myself, I need to find redemption, to recover self-respect in the silence and solitude

de ceux que j'ai aimés, âmes de ceux que j'ai chantés, fortifiez-moi, soutenez-moi, éloignez de moi le mensonge et les vapeurs corruptrices du monde, et vous, Seigneur mon Dieu ! accordez-moi la grâce de produire quelques beaux vers qui me prouvent à moi-même que je ne suis pas le dernier des hommes, que je ne suis pas inférieur à ceux que je méprise !

of night. Souls of those I have loved, souls of those I have sung, strengthen and sustain me, make me an enemy to falsehood and the world's corrupting vapours; and you, Lord God, grant me the grace to write a few lines of good verse which will convince me I am not the lowest of the low, not worse than those I despise!

1862

11. LA FEMME SAUVAGE
ET LA PETITE-MAÎTRESSE

« Vraiment, ma chère, vous me fatiguez sans mesure et sans pitié ; on dirait, à vous entendre soupirer, que vous souffrez plus que les glaneuses sexagénaires et que les vieilles mendiantes qui ramassent des croûtes de pain à la porte des cabarets.

« Si au moins vos soupirs exprimaient le remords, ils vous feraient quelque honneur ; mais ils ne traduisent que la satiété du bien-être et l'accablement du repos. Et puis, vous ne cessez de vous répandre en paroles inutiles : « Aimez-moi bien ! j'en ai tant besoin ! Consolez-moi par-ci, caressez-moi par-là ! » Tenez, je veux essayer de vous guérir ; nous en trouverons peut-être le moyen, pour deux sols, au milieu d'une fête, et sans aller bien loin.

« Considérons bien, je vous prie, cette solide cage de fer derrière laquelle s'agite, hurlant comme un damné, secouant les barreaux comme un orang-outang exaspéré par l'exil, imitant, dans la perfection, tantôt les bonds circulaires du tigre, tantôt les dandinements stupides de l'ours blanc, ce monstre poilu dont la forme imite assez vaguement la vôtre.

« Ce monstre est un de ces animaux qu'on appelle généralement « mon ange ! » c'est-à-dire une femme. L'autre monstre, celui qui crie à tue-tête, un bâton à la main, est un mari. Il a enchaîné sa femme légitime comme une bête, et il la montre dans les faubourgs, les jours de foire, avec permission des magistrats, cela va sans dire.

« Faites bien attention ! Voyez avec quelle voracité (non simulée peut-être !) elle déchire des lapins vivants et des volailles piaillantes que lui jette son cornac. « Allons, dit-il, il ne faut pas manger tout son bien en un jour, » et, sur cette sage parole, il lui arrache cruellement la proie, dont les boyaux dévidés restent un instant accrochés aux dents de la bête féroce, de la femme, veux-je dire.

11. *Wild Wife* *and Sweet Mistress*

"Really, my darling, you grind me down mercilessly; your sighs would convince anyone you have to put up with worse than do old women working the fields, or impoverished ones rummaging through food bins for anything edible.

"If at least they were sighs of remorse they would do you some honour; but all they reveal is your lazy, pampered existence. And then there's your endless refrain: 'Oh love me! I so need to be loved! Soothe me here, caress me there!' So, let's see if I can cure you. Perhaps it can be done for just a few sous, at a nearby fair, no need to look very far.

"Please take a close look at that heavy iron cage inside which, howling like a lost soul, rattling the bars like an orang-utan frantic to get back to its home, mimicking to perfection a tiger's leap, or the brute ballet of a polar bear, that hirsute monster whose form faintly resembles yours.

"That horror is one of those creatures which generally are addressed as 'my angel' – that is, a wife. The other horror, the one yelling and wielding a stick, is a husband. He has chained his lawful spouse like an animal, and he puts her on show at the outskirts of the city on market days – with an official licence, naturally.

"Watch closely! See how voraciously, and perhaps sincerely, she tears apart the live rabbits and clucking fowl thrown in by her keeper. 'Slow down!' he says, 'You mustn't consume it all in a single day,' and with that pronouncement, cruelly he snatches back her prey, whose straggling intestines remain caught for a moment in the teeth of the ferocious beast – I mean wife.

« Allons ! un bon coup de bâton pour la calmer ! car elle darde des yeux terribles de convoitise sur la nourriture enlevée. Grand Dieu ! le bâton n'est pas un bâton de comédie, avez-vous entendu résonner la chair, malgré le poil postiche ? Aussi les yeux lui sortent maintenant de la tête, elle hurle *plus naturellement*. Dans sa rage, elle étincelle tout entière, comme le fer qu'on bat.

« Telles sont les mœurs conjugales de ces deux descendants d'Ève et d'Adam, ces œuvres de vos mains, ô mon Dieu ! Cette femme est incontestablement malheureuse, quoique après tout, peut-être, les jouissances titillantes de la gloire ne lui soient pas inconnues. Il y a des malheurs plus irrémédiables, et sans compensation. Mais dans le monde où elle a été jetée, elle n'a jamais pu croire que la femme méritât une autre destinée.

« Maintenant, à nous deux, chère précieuse ! À voir les enfers dont le monde est peuplé, que voulez-vous que je pense de votre joli enfer, vous qui ne reposez que sur des étoffes aussi douces que votre peau, qui ne mangez que de la viande cuite, et pour qui un domestique habile prend soin de découper les morceaux ?

« Et que peuvent signifier pour moi tous ces petits soupirs qui gonflent votre poitrine parfumée, robuste coquette ? Et toutes ces affectations apprises dans les livres, et cette infatigable mélancolie, faite pour inspirer au spectateur un tout autre sentiment que la pitié ? En vérité, il me prend quelquefois envie de vous apprendre ce que c'est que le vrai malheur.

« À vous voir ainsi, ma belle délicate, les pieds dans la fange et les yeux tournés vaporeusement vers le ciel, comme pour lui demander un roi, on dirait vraisemblablement une jeune grenouille qui invoquerait l'idéal. Si vous méprisez le soliveau (ce que je suis maintenant, comme vous savez bien), gare la grue *qui vous croquera, vous gobera et vous tuera à son plaisir !*

« Tant poëte que je sois, je ne suis pas aussi dupe que vous voudriez le croire, et si vous me fatiguez trop souvent de vos *précieuses* pleurnicheries, je vous traiterai en *femme sauvage,* ou je vous jetterai par la fenêtre, comme une bouteille vide. »

"A good thwack with a stick to calm her, as she is shooting terrifying looks of greed towards the food that is out of reach. Ye Gods, that stick is no theatrical prop. Did you hear the sound the flesh made, under the false hair? And her eyes are bulging out of their sockets; her howls are *closer to nature*. She is spitting sparks of rage, like iron in the forge.

"Such then are the conjugal ways of these two descendants of Eve and Adam, Lord, as you made them. That woman undeniably is not happy, even if fame's titillations are not unknown to her. More irreversible miseries exist, with no compensations. But in the world where she has been plunged it would not cross her mind that a woman deserves a different fate.

"And now, my darling, just the two of us! When I see the infernos which constitute the world, what can I make of your charming little hell, you who recline only on fabrics as soft as your skin, who eat only the finest viands, expertly carved for you by a servant?

"And what should I think of all those little sighs which swell your scented bosom, my healthy coquette? And those affectations gleaned from books, and that insatiable melancholy, intended to inspire in the observer anything but pity? At times I have truly wished to teach you the real meaning of misfortune.

"To see you thus, my rarefied beauty, feet in the mud and misty eyes turned to heaven, as though asking for a king, you resemble a young frog invoking the ideal. If you despise your King Log (which now I am, as you know), beware the stork that will bite you, imbibe you, kill you at his pleasure.*

"I am a poet, but not so naive as you have decided, and if you overdo your *precious* whining, I will treat you like an untamed wife, or hurl you from the window like an empty bottle."

1862

39

12. LES FOULES

Il n'est pas donné à chacun de prendre un bain de multitude : jouir de la foule est un art ; et celui-là seul peut faire, aux dépens du genre humain, une ribote de vitalité, à qui une fée a insufflé dans son berceau le goût du travestissement et du masque, la haine du domicile et la passion du voyage.

Multitude, solitude : termes égaux et convertibles pour le poëte actif et fécond. Qui ne sait pas peupler sa solitude, ne sait pas non plus être seul dans une foule affairée.

Le poëte jouit de cet incomparable privilége, qu'il peut à sa guise être lui-même et autrui. Comme ces âmes errantes qui cherchent un corps, il entre, quand il veut, dans le personnage de chacun. Pour lui seul, tout est vacant ; et si de certaines places paraissent lui être fermées, c'est qu'à ses yeux elles ne valent pas la peine d'être visitées.

Le promeneur solitaire et pensif tire une singulière ivresse de cette universelle communion. Celui-là qui épouse facilement la foule connaît des jouissances fiévreuses, dont seront éternellement privés l'égoïste, fermé comme un coffre, et le paresseux, interné comme un mollusque. Il adopte comme siennes toutes les professions, toutes les joies et toutes les misères que la circonstance lui présente.

Ce que les hommes nomment amour est bien petit, bien restreint et bien faible, comparé à cette ineffable orgie, à cette sainte prostitution de l'âme qui se donne tout entière, poésie et charité, à l'imprévu qui se montre, à l'inconnu qui passe.

Il est bon d'apprendre quelquefois aux heureux de ce monde, ne fût-ce que pour humilier un instant leur sot orgueil, qu'il est des bonheurs supérieurs au leur, plus vastes et plus raffinés. Les fondateurs de colonies, les pasteurs de peuples, les prêtres missionnaires exilés au bout du monde, connaissent sans doute quelque chose de ces mystérieuses

12. Crowds

It is not given to all to crowd-bathe: the enjoyment of crowds is an art; and, at the expense of mankind, only the person who by magic has received at birth the taste for travesty and masquerade, as well as a loathing of home and a passion for travel, can be invigorated by crowds.

Multitude, solitude: equivalent terms for the active and prolific poet. The man unable to people his solitude does not know how to be alone in a crowd.

The poet enjoys an unrivalled privilege: that at will he can be both himself and another. Like lost souls seeking a body, he enters as he pleases the character of whomsoever. For him alone, everything is vacant; and if certain places seem forbidden him, that is because in his eyes they are not worth visiting.

The solitary, thoughtful wanderer finds singular intoxication in this universal communion. He who easily embraces the crowd knows feverish joys, for ever denied the egoist, entombed in his vault, and denied the idler, walled in like a mollusc. He purloins every profession, makes his own every delight, every misfortune he encounters.

What is known as love is a petty thing, weak and limited, compared to that ineffable orgy, that sainted prostitution of the soul which gives itself whole, poetry and charity, to the unforeseen revealed, to the unknown materialized.

It is good sometimes to let the fortunate of this world know, if only to humble their stupid pride, that there is a better happiness than theirs, more vast, more refined. Founders of colonies, pastors of flocks, missionary priests exiled to the far ends of the earth, must know something of these mysterious

ivresses ; et, au sein de la vaste famille que leur génie s'est faite, ils doivent rire quelquefois de ceux qui les plaignent pour leur fortune si agitée et pour leur vie si chaste.

intoxications; and in the bosom of the great family that their genius has made itself, surely sometimes they laugh at those who pity them their so restless fortunes, their so chaste lives.

1861, 1862

13. LES VEUVES

Vauvenargues dit que dans les jardins publics il est des allées hantées principalement par l'ambition déçue, par les inventeurs malheureux, par les gloires avortées, par les cœurs brisés, par toutes ces âmes tumultueuses et fermées, en qui grondent encore les derniers soupirs d'un orage, et qui reculent loin du regard insolent des joyeux et des oisifs. Ces retraites ombreuses sont les rendez-vous des éclopés de la vie.

C'est surtout vers ces lieux que le poëte et le philosophe aiment diriger leurs avides conjectures. Il y a là une pâture certaine. Car s'il est une place qu'ils dédaignent de visiter, comme je l'insinuais tout à l'heure, c'est surtout la joie des riches. Cette turbulence dans le vide n'a rien qui les attire. Au contraire, ils se sentent irrésistiblement entraînés vers tout ce qui est faible, ruiné, contristé, orphelin.

Un œil expérimenté ne s'y trompe jamais. Dans ces traits rigides ou abattus, dans ces yeux caves et ternes, ou brillants des derniers éclairs de la lutte, dans ces rides profondes et nombreuses, dans ces démarches si lentes ou si saccadées, il déchiffre tout de suite les innombrables légendes de l'amour trompé, du dévouement méconnu, des efforts non récompensés, de la faim et du froid humblement, silencieusement supportés.

Avez-vous quelquefois aperçu des veuves sur ces bancs solitaires, des veuves pauvres ? Qu'elles soient en deuil ou non, il est facile de les reconnaître. D'ailleurs il y a toujours dans le deuil du pauvre quelque chose qui manque, une absence d'harmonie qui le rend plus navrant. Il est contraint de lésiner sur sa douleur. Le riche porte la sienne au grand complet.

Quelle est la veuve la plus triste et la plus attristante, celle qui traîne à sa main un bambin avec qui elle ne peut pas partager sa rêverie, ou celle qui est tout à fait seule ? Je ne sais... Il m'est arrivé une fois de suivre pendant de longues heures une vieille affligée de cette espèce ; celle-là roide, droite, sous un petit châle usé, portait dans tout son être une fierté de stoïcienne.

13. Widows

Vauvenargues* says that in public gardens there are walks haunted mainly by failed ambition, ill-starred inventors, unachieved fame, broken hearts, all those wild, barricaded souls in the last throes of a storm, and who retreat far from the insolent gaze of laughing wasters. These shady lairs are the meeting place for those whom life has maimed.

It is towards these sites the poet and the philosopher like to direct their eager conjectures. Here are guaranteed feeding grounds. For, as I have just implied, if there is one world they avoid, it is where the rich feel good. Their empty hubbub means nothing to them. The converse, in fact, for they feel themselves drawn towards what is weakened, ruined, plunged in sadness, orphaned.

The practised eye is never deceived. In those fixed or worn features, eyes that are sunken, hollow and lifeless, or flashing with the last fires of combat, in those deep and plentiful furrows, in gaits so slow or so jerky, that same practised eye can read instantly so many stories of love gone wrong, of unrecognized devotion, unrewarded endeavour, cold and hunger silently and humbly borne.

Have you ever seen widows, lowly widows, on solitary benches? Whether wearing mourning or not, they are easy to recognize. In addition, there is always something missing in the way the poor grieve, a want of harmony that makes it more heartbreaking. Theirs is a breadline grief; for the rich, the full works.

Which is the saddest widow, the most affecting, the one who pulls by the hand a wee mite to whom she cannot open her dreams, or she who is perfectly alone? I cannot say... Once I happened to follow one of the latter for many an hour, an old, afflicted woman; beneath her threadbare little shawl, she held herself erect; her bearing spoke of Stoic dignity.

Elle était évidemment condamnée, par une absolue solitude, à des habitudes de vieux célibataire, et le caractère masculin de ses mœurs ajoutait un piquant mystérieux à leur austérité. Je ne sais dans quel misérable café et de quelle façon elle déjeuna. Je la suivis au cabinet de lecture ; et je l'épiai longtemps pendant qu'elle cherchait dans les gazettes, avec des yeux actifs, jadis brûlés par les larmes, des nouvelles d'un intérêt puissant et personnel.

Enfin, dans l'après-midi, sous un ciel d'automne charmant, un de ces ciels d'où descendent en foule les regrets et les souvenirs, elle s'assit à l'écart dans un jardin, pour entendre, loin de la foule, un de ces concerts dont la musique des régiments gratifie le peuple parisien.

C'était sans doute là la petite débauche de cette vieille innocente (ou de cette vieille purifiée), la consolation bien gagnée d'une de ces lourdes journées sans ami, sans causerie, sans joie, sans confident, que Dieu laissait tomber sur elle, depuis bien des ans peut-être ! trois cent soixante-cinq fois par an.

Une autre encore :

Je ne puis jamais m'empêcher de jeter un regard, sinon universellement sympathique, au moins curieux, sur la foule de parias qui se pressent autour de l'enceinte d'un concert public. L'orchestre jette à travers la nuit des chants de fête, de triomphe ou de volupté. Les robes traînent en miroitant ; les regards se croisent ; les oisifs, fatigués de n'avoir rien fait, se dandinent, feignant de déguster indolemment la musique. Ici rien que de riche, d'heureux ; rien qui ne respire et n'inspire l'insouciance et le plaisir de se laisser vivre ; rien, excepté l'aspect de cette tourbe qui s'appuie là-bas sur la barrière extérieure, attrapant gratis, au gré du vent, un lambeau de musique, et regardant l'étincelante fournaise intérieure.

C'est toujours chose intéressante que ce reflet de la joie du riche au fond de l'œil du pauvre. Mais ce jour-là, à travers ce peuple vêtu de blouses et d'indienne, j'aperçus un être dont la noblesse faisait un éclatant contraste avec toute la trivialité environnante.

C'était une femme grande, majestueuse, et si noble dans tout son air, que je n'ai pas souvenir d'avoir vu sa pareille dans les collections des aristocratiques beautés du passé. Un parfum de hautaine vertu émanait

Her absolute solitude evidently condemned her to habits of the unmarried old, and the masculine stamp of her demeanour lent a mysterious piquancy to its austerity. I do not know what she ate, or in which wretched café. I followed her to a reading room and watched for a while as, with darting eyes which once had burnt with tears, she scanned the gazettes for items of real, personal interest.

Finally, in the afternoon, under an exquisite autumn sky, one of those from which hosts of memories and regrets descend, she went to a public garden and sat well away from the audience to hear one of those concerts military bands provide for the good people of Paris.

This was no doubt the one mild dissipation of that elderly innocent (or purified old lady), the well-earned consolation for another of those oppressive days devoid of friendship, chatter, intimacy, that God had let fall on her, perhaps for many a year! Each one three hundred and sixty-five times.

And another:

I can never resist casting an eye, curious if not always sympathetic, over the human flotsam that throngs around the entrance to a concert place. The orchestra flings into the night its songs of celebration, songs of triumph, songs for the senses. Ample dresses shimmer; eyes find eyes; languid people, exhausted by indolence, feign interest in the music. Wealth and blessings exclusively, nothing that does not breathe to the rhythms of pleasurable, unconcerned living; nothing save the sight of rabble pressed against the railings to catch fragments of music, free of charge and as the wind decides, their gaze on the scintillating glow within.

The reflection of a rich man's joy in a poor person's eye is always interesting. But on that day, among the throng in its smocks and serge, I caught sight of a figure whose manner was in startling contrast to the triviality around her.

It was a tall, majestic woman, her manner more noble than any I remember from albums of the great aristocratic beauties. Hers was an aura of high distinction. Her face, sad and thin, was in

de toute sa personne. Son visage, triste et amaigri, était en parfaite accordance avec le grand deuil dont elle était revêtue. Elle aussi, comme la plèbe à laquelle elle s'était mêlée et qu'elle ne voyait pas, elle regardait le monde lumineux avec un œil profond, et elle écoutait en hochant doucement la tête.

Singulière vision ! « À coup sûr, me dis-je, cette pauvreté-là, si pauvreté il y a, ne doit pas admettre l'économie sordide ; un si noble visage m'en répond. Pourquoi donc reste-t-elle volontairement dans un milieu où elle fait une tache si éclatante ? »

Mais en passant curieusement auprès d'elle, je crus en deviner la raison. La grande veuve tenait par la main un enfant comme elle vêtu de noir ; si modique que fût le prix d'entrée, ce prix suffisait peut-être pour payer un des besoins du petit être, mieux encore, une superfluité, un jouet.

Et elle sera rentrée à pied, méditant et rêvant, seule, toujours seule ; car l'enfant est turbulent, égoïste, sans douceur et sans patience ; et il ne peut même pas, comme le pur animal, comme le chien et le chat, servir de confident aux douleurs solitaires.

perfect harmony with the deep mourning she wore. She too, like the ordinary people round her and to whom she paid no attention, was casting a profound look into that luminous world, her head gently moving to the music.

Singular vision! "Certainly," I said to myself, "her poverty, if that is what it is, has nothing to do with vulgar penny-pinching; the noble features are the proof. So why does she choose to be in a situation where she has such a vivid effect?"

However, yielding to curiosity, I brushed close to her, and I think I found the answer. That magisterial widow was holding by the hand a child, dressed head to toe in black, like her; however modest the entrance price, that sum perhaps had to cover something practical for the child – or something nicer, a treat, a toy.

She will have returned home on foot, thoughtful, imagining things, alone, always alone – since the child is unruly, selfish, uncaring, impatient and, unlike an animal, such as a cat or dog, cannot even be a confidant to solitary pain.

1861, 1862

14. LE VIEUX SALTIMBANQUE

Partout s'étalait, se répandait, s'ébaudissait le peuple en vacances. C'était une de ces solennités sur lesquelles, pendant un long temps, comptent les saltimbanques, les faiseurs de tours, les montreurs d'animaux et les boutiquiers ambulants, pour compenser les mauvais temps de l'année.

En ces jours-là il me semble que le peuple oublie tout, la douleur et le travail ; il devient pareil aux enfants. Pour les petits c'est un jour de congé, c'est l'horreur de l'école renvoyée à vingt-quatre heures. Pour les grands c'est un armistice conclu avec les puissances malfaisantes de la vie, un répit dans la contention et la lutte universelle.

L'homme du monde lui-même et l'homme occupé de travaux spirituels échappent difficilement à l'influence de ce jubilé populaire. Ils absorbent, sans le vouloir, leur part de cette atmosphère d'insouciance. Pour moi, je ne manque jamais, en vrai Parisien, de passer la revue de toutes les baraques qui se pavanent à ces époques solennelles.

Elles se faisaient, en vérité, une concurrence formidable : elles piaillaient, beuglaient, hurlaient. C'était un mélange de cris, de détonations de cuivre et d'explosions de fusées. Les queues-rouges et les Jocrisses convulsaient les traits de leurs visages basanés, racornis par le vent, la pluie et le soleil ; ils lançaient, avec l'aplomb des comédiens sûrs de leurs effets, des bons mots et des plaisanteries d'un comique solide et lourd comme celui de Molière. Les Hercules, fiers de l'énormité de leurs membres, sans front et sans crâne, comme les orang-outangs, se prélassaient majestueusement sous les maillots lavés la veille pour la circonstance. Les danseuses, belles comme des fées ou des princesses, sautaient et cabriolaient sous le feu des lanternes qui remplissaient leurs jupes d'étincelles.

Tout n'était que lumière, poussière, cris, joie, tumulte ; les uns dépensaient, les autres gagnaient, les uns et les autres également joyeux. Les enfants se suspendaient aux jupons de leurs mères pour obtenir quelque bâton de sucre, ou montaient sur les épaules de leurs pères pour mieux voir

14. *The Old Acrobat*

Everywhere the holiday crowds spread, drifted, blossomed. It was one of those big occasions which traditionally circus acts, prestidigitators, animal tamers and travelling showmen count on to make up for the lean periods of the year.

On those occasions, it seems to me the populace forgets everything, work and woes, and reverts to childhood. For the little ones it means a day off school, the ghastly classroom averted for another twenty-four hours, and for the grown-ups a truce with life's malevolent powers, a pause in the universal struggle.

Men of the world no less than those on more ethereal planes can scarcely ignore this popular jubilee. Want to or not, they breathe in their share of the atmosphere of levity. As for me, true Parisian, I never fail to inspect each booth, decked out for festivities.

Indeed each booth tried desperately to shout the others down, barking, bellowing, yelling. A cacophony of cries, brass and fireworks. Fools and jesters contorted their weather-beaten faces, seared by wind, rain and sun; with the aplomb of actors, they unleashed quips and gags as tested and tried as any of Molière's. Strongmen, proud of their monster limbs, Neanderthal brows and skulls swaggered in leotards, specially laundered the previous day. Dancers as beautiful as fairies or princesses spun and jetéd beneath lamps that showered their frocks with spangles.

It was all lights, dust, cries, joy, tumult; some people spent money, some were winners, all were radiant. Children clung to their mothers' skirts, pleading for lollipops, or climbed onto their fathers' shoulders to get a good view of some conjuror,

un escamoteur éblouissant comme un dieu. Et partout circulait, dominant tous les parfums, une odeur de friture qui était comme l'encens de cette fête.

Au bout, à l'extrême bout de la rangée de baraques, comme si, honteux, il s'était exilé lui-même de toutes ces splendeurs, je vis un pauvre saltimbanque, voûté, caduc, décrépit, une ruine d'homme, adossé contre un des poteaux de sa cahute ; une cahute plus misérable que celle du sauvage le plus abruti, et dont deux bouts de chandelles, coulants et fumants, éclairaient trop bien encore la détresse.

Partout la joie, le gain, la débauche ; partout la certitude du pain pour les lendemains ; partout l'explosion frénétique de la vitalité. Ici la misère absolue, la misère affublée, pour comble d'horreur, de haillons comiques, où la nécessité, bien plus que l'art, avait introduit le contraste. Il ne riait pas, le misérable ! Il ne pleurait pas, il ne dansait pas, il ne gesticulait pas, il ne criait pas ; il ne chantait aucune chanson, ni gaie ni lamentable, il n'implorait pas. Il était muet et immobile. Il avait renoncé, il avait abdiqué. Sa destinée était faite.

Mais quel regard profond, inoubliable, il promenait sur la foule et les lumières, dont le flot mouvant s'arrêtait à quelques pas de sa répulsive misère ! Je sentis ma gorge serrée par la main terrible de l'hystérie, et il me sembla que mes regards étaient offusqués par ces larmes rebelles qui ne veulent pas tomber.

Que faire ? À quoi bon demander à l'infortuné quelle curiosité, quelle merveille il avait à montrer dans ces ténèbres puantes, derrière son rideau déchiqueté ? En vérité, je n'osais ; et, dût la raison de ma timidité vous faire rire, j'avouerai que je craignais de l'humilier. Enfin, je venais de me résoudre à déposer en passant quelque argent sur une de ses planches, espérant qu'il devinerait mon intention, quand un grand reflux de peuple, causé par je ne sais quel trouble, m'entraîna loin de lui.

Et, m'en retournant, obsédé par cette vision, je cherchai à analyser ma soudaine douleur, et je me dis : Je viens de voir l'image du vieil homme de lettres qui a survécu à la génération dont il fut le brillant amuseur ; du vieux poëte sans amis, sans famille, sans enfants, dégradé par sa misère et par l'ingratitude publique, et dans la baraque de qui le monde oublieux ne veut plus entrer !

magical as a god. And everywhere, crowding out all other smells, food frying, the incense of fairgrounds.

At the far end of the booths, as if shame exiled him from the splendour, I saw a wretched old circus performer, hunched human wreckage, leaning against one of his shack's support poles; a shack more dismal than any savage's, and whose desolation the dripping and smoky stubs of a pair of candles lit all too well.

Everywhere, joy, winnings, excess; everywhere, food assured for days to come; everywhere, frenzied explosions of vitality. But here, absolute destitution, destitution dressed up in the rags of comedy, to compound the horror; a contrast owing much more to necessity than art. The poor wretch was not laughing! Not weeping, not dancing, not gesturing, not calling out; he sang no song, cheerful or sad; he sought no sympathy. He stayed silent and still. He had renounced, abdicated. His die was cast.

But the profound, unforgettable look in those eyes which took in the lights and the crowd, whose surge died away some paces from his squalid poverty! Round my throat I felt the terrifying grip of hysteria; I felt my sight blanked by rebel tears refusing to fall.

What to do? There was no point in asking the poor fellow what marvels or curiosities he would conjure in the stinking gloom behind his ragged curtain. In truth I did not dare; and even though you might find the reason for my caution risible, I confess it came from a reluctance to humiliate him. Finally, I decided I would place some coins on his trestle as I left, hoping he might read my mind – just as a movement of the crowd, caused by some commotion, carried me far from him.

Turning away, obsessed by the vision, I tried to analyse my sudden pain, and I told myself: what I have just seen is the image of the old man of letters who has outlived the generation he so brilliantly amused; the friendless old poet, without family, without children, brought low by poverty and public ingratitude, and whose booth the fickle world no longer wishes to enter!

1861, 1862

15. LE GÂTEAU

Je voyageais. Le paysage au milieu duquel j'étais placé était d'une grandeur et d'une noblesse irrésistibles. Il en passa sans doute en ce moment quelque chose dans mon âme. Mes pensées voltigeaient avec une légèreté égale à celle de l'atmosphère ; les passions vulgaires, telles que la haine et l'amour profane, m'apparaissaient maintenant aussi éloignées que les nuées qui défilaient au fond des abîmes sous mes pieds ; mon âme me semblait aussi vaste et aussi pure que la coupole du ciel dont j'étais enveloppé ; le souvenir des choses terrestres n'arrivait à mon cœur qu'affaibli et diminué, comme le son de la clochette des bestiaux imperceptibles qui paissaient loin, bien loin, sur le versant d'une autre montagne. Sur le petit lac immobile, noir de son immense profondeur, passait quelquefois l'ombre d'un nuage, comme le reflet du manteau d'un géant aérien volant à travers le ciel. Et je me souviens que cette sensation solennelle et rare, causée par un grand mouvement parfaitement silencieux, me remplissait d'une joie mêlée de peur. Bref, je me sentais, grâce à l'enthousiasmante beauté dont j'étais environné, en parfaite paix avec moi-même et avec l'univers ; je crois même que, dans ma parfaite béatitude et dans mon total oubli de tout le mal terrestre, j'en étais venu à ne plus trouver si ridicules les journaux qui prétendent que l'homme est né bon ; — quand la matière incurable renouvelant ses exigences, je songeai à réparer la fatigue et à soulager l'appétit causés par une si longue ascension. Je tirai de ma poche un gros morceau de pain, une tasse de cuir et un flacon d'un certain élixir que les pharmaciens vendaient dans ce temps-là aux touristes pour le mêler dans l'occasion avec de l'eau de neige.

Je découpais tranquillement mon pain, quand un bruit très-léger me fit lever les yeux. Devant moi se tenait un petit être déguenillé, noir, ébouriffé, dont les yeux creux, farouches et comme suppliants, dévoraient le morceau de pain. Et je l'entendis soupirer, d'une voix basse et rauque, le mot : *gâteau !* Je ne pus m'empêcher de rire en entendant

54

15. Cake

I was on my travels. The landscape I was in had a seductive grandeur and nobility, some of which no doubt entered my soul at that moment. My thoughts skipped light as the atmosphere; vulgar passions such as hatred and profane love now appeared as distant as the clouds rolling through the defiles below me; my soul seemed as vast and pure as the vaulted sky over me; such earthbound things as I remembered came into my heart faint and diminished, like the small sound of bells made by cattle grazing on the slopes of a far mountain. Above the little, still lake, dark in its huge depth, a cloud shadow sometimes passed, like the reflected cloak of some aerial giant flying through the sky. And it comes back to me how that rare and solemn sensation, caused by a great, perfectly soundless movement, filled me with a joy mixed with fear. In short, thanks to the enlivening beauty around me, I felt utterly at peace with myself and the world; I think even that, in my perfectly beatific state, beyond the world's evils, I had persuaded myself of the wisdom of those affirmations of mankind's innate goodness – when, stubborn matter reasserting its claims, I turned my thoughts to relieving the fatigue and hunger caused by such a long climb. I took from my pocket a large chunk of bread, a leather drinking vessel and a phial of a certain elixir pharmacists were then selling to tourists, to be taken with melted snow.

I was quietly cutting my bread when a slight noise made me look up. Before me stood a little human creature, ragged and blackened, with wild, deep-set, supplicant eyes that were devouring my bread. And I heard him moan in a hoarse, low voice the single word: *cake*! I could not hold back my laughter

l'appellation dont il voulait bien honorer mon pain presque blanc, et j'en coupai pour lui une belle tranche que je lui offris. Lentement il se rapprocha, ne quittant pas des yeux l'objet de sa convoitise ; puis, happant le morceau avec sa main, se recula vivement, comme s'il eût craint que mon offre ne fût pas sincère ou que je m'en repentisse déjà.

Mais au même instant il fut culbuté par un autre petit sauvage, sorti je ne sais d'où, et si parfaitement semblable au premier qu'on aurait pu le prendre pour son frère jumeau. Ensemble ils roulèrent sur le sol, se disputant la précieuse proie, aucun n'en voulant sans doute sacrifier la moitié pour son frère. Le premier, exaspéré, empoigna le second par les cheveux ; celui-ci lui saisit l'oreille avec les dents, et en cracha un petit morceau sanglant avec un superbe juron patois. Le légitime propriétaire du gâteau essaya d'enfoncer ses petites griffes dans les yeux de l'usurpateur ; à son tour celui-ci appliqua toutes ses forces à étrangler son adversaire d'une main, pendant que de l'autre il tâchait de glisser dans sa poche le prix du combat. Mais, ravivé par le désespoir, le vaincu se redressa et fit rouler le vainqueur par terre d'un coup de tête dans l'estomac. À quoi bon décrire une lutte hideuse qui dura en vérité plus longtemps que leurs forces enfantines ne semblaient le promettre ? Le gâteau voyageait de main en main et changeait de poche à chaque instant ; mais, hélas ! il changeait aussi de volume ; et lorsque enfin, exténués, haletants, sanglants, ils s'arrêtèrent par impossibilité de continuer, il n'y avait plus, à vrai dire, aucun sujet de bataille ; le morceau de pain avait disparu, et il était éparpillé en miettes semblables aux grains de sable auxquels il était mêlé.

Ce spectacle m'avait embrumé le paysage, et la joie calme où s'ébaudissait mon âme avant d'avoir vu ces petits hommes avait totalement disparu ; j'en restai triste assez longtemps, me répétant sans cesse : « Il y a donc un pays superbe où le pain s'appelle du *gâteau,* friandise si rare qu'elle suffit pour engendrer une guerre parfaitement fratricide ! »

at the title he wanted to give my off-white bread, and I cut him a generous slice and held it out. Slowly he advanced, his eyes never straying from the object of his appetite; then, snatching up the slice, he jumped away smartly, as though in fear my offer was not sincere, or I might change my mind.

At that moment he was upended by another little creature that had materialized from who knows where, so like the first he could have been his twin. They rolled on the ground, tussling for the precious bounty, no doubt neither of them willing to sacrifice his share for his brother. The first, incensed, seized the second by the hair; he sunk his teeth into the first one's ear and, swearing grandly in the local patois, spat out bloody flesh. The cake's rightful owner tried to dig his little talons into the challenger's eyes; in his turn, the latter used all his strength to throttle his adversary with one hand, while the other hand did its best to slip the prize into his pocket. But, revived by impending defeat, the loser got to his feet and with a headbutt to the stomach sent the winner sprawling. Why bother to describe a hideous struggle that lasted longer than their infant strength seemed to promise? The cake flew from hand to hand, pocket to pocket, back and forth; but regrettably it also changed in size, and when, finally, spent, out of breath, blood-covered, they had no choice but to stop, there was in fact nothing left to contest: the chunk of bread was no more; instead, crumbs lay scattered, resembling the grains of sand with which they merged.

I found this spectacle had cast a pall over the landscape, and the serene bliss my soul had known before encountering these little men had gone, completely; for a while I was saddened, and I repeated to myself: "So there's a splendid country where bread is called *cake*, a delicacy so rare that it's enough to start a genuinely fratricidal war!"

1862

16. L'HORLOGE

Les Chinois voient l'heure dans l'œil des chats.

Un jour un missionnaire, se promenant dans la banlieue de Nankin, s'aperçut qu'il avait oublié sa montre, et demanda à un petit garçon quelle heure il était.

Le gamin du céleste Empire hésita d'abord ; puis, se ravisant, il répondit : « Je vais vous le dire ». Peu d'instants après, il reparut, tenant dans ses bras un fort gros chat, et le regardant, comme on dit, dans le blanc des yeux, il affirma sans hésiter : « Il n'est pas encore tout à fait midi. » Ce qui était vrai.

Pour moi, si je me penche vers la belle Féline, la si bien nommée, qui est à la fois l'honneur de son sexe, l'orgueil de mon cœur et le parfum de mon esprit, que ce soit la nuit, que ce soit le jour, dans la pleine lumière ou dans l'ombre opaque, au fond de ses yeux adorables je vois toujours l'heure distinctement, toujours la même, une heure vaste, solennelle, grande comme l'espace, sans divisions de minutes ni de secondes, — une heure immobile qui n'est pas marquée sur les horloges, et cependant légère comme un soupir, rapide comme un coup d'œil.

Et si quelque importun venait me déranger pendant que mon regard repose sur ce délicieux cadran, si quelque Génie malhonnête et intolérant, quelque Démon du contre-temps venait me dire : « Que regardes-tu là avec tant de soin ? Que cherches-tu dans les yeux de cet être ? Y vois-tu l'heure, mortel prodigue et fainéant ? » je répondrais sans hésiter : « Oui, je vois l'heure ; il est l'Éternité ! »

N'est-ce pas, madame, que voici un madrigal vraiment méritoire, et aussi emphatique que vous-même ? En vérité, j'ai eu tant de plaisir à broder cette prétentieuse galanterie, que je ne vous demanderai rien en échange.

16. The Clock

The Chinese tell the time by the eyes of cats.

One day a missionary, walking in the suburbs of Nanking, realized he had forgotten his watch, and asked a little boy the time.

The boy from the Celestial Empire first hesitated, then reconsidered and said: "I'll find out." Moments later he appeared again, carrying a very large cat; he looked the animal in the whites of its eyes, as the saying goes, then pronounced: "It's just coming up to midday," which was the case.

For my part, when I bring my face close to lovely Féline – perfect name – who is at once the honour of her sex, the pride of my heart and the perfume of my spirit, whether by day, in bright light or pitch black, deep in her adorable eyes I see the time distinctly, always the same, a vast, solemn, spacious hour, undivided into minutes and seconds – an hour not given on clocks, unnerving, weightless as breath, quick as a glance.

And should anyone annoy me while my eyes rest on this gorgeous dial, should some sly and intolerant Genie, some Daemon of the inopportune, say to me: "What are you looking at so intently? What do you hope to find in that creature's eyes? Do you see the time in them, prodigal, feckless mortal?", I would answer without hesitation: "Yes, I see the time, it's Eternity."

This, Madame, is a praiseworthy madrigal, is it not? And as magniloquent as you. To be honest, I have had such pleasure weaving this highfalutin *galanterie* I shall ask nothing of you in return.

1857, 1861, 1862

17. UN HÉMISPHÈRE DANS UNE CHEVELURE

Laisse-moi respirer longtemps, longtemps, l'odeur de tes cheveux, y plonger tout mon visage, comme un homme altéré dans l'eau d'une source, et les agiter avec ma main comme un mouchoir odorant, pour secouer des souvenirs dans l'air.

Si tu pouvais savoir tout ce que je vois ! tout ce que je sens ! tout ce que j'entends dans tes cheveux ! Mon âme voyage sur le parfum comme l'âme des autres hommes sur la musique.

Tes cheveux contiennent tout un rêve, plein de voilures et de mâtures ; ils contiennent de grandes mers dont les moussons me portent vers de charmants climats, où l'espace est plus bleu et plus profond, où l'atmosphère est parfumée par les fruits, par les feuilles et par la peau humaine.

Dans l'océan de ta chevelure, j'entrevois un port fourmillant de chants mélancoliques, d'hommes vigoureux de toutes nations et de navires de toutes formes découpant leurs architectures fines et compliquées sur un ciel immense où se prélasse l'éternelle chaleur.

Dans les caresses de ta chevelure, je retrouve les langueurs des longues heures passées sur un divan, dans la chambre d'un beau navire, bercées par le roulis imperceptible du port, entre les pots de fleurs et les gargoulettes rafraîchissantes.

Dans l'ardent foyer de ta chevelure, je respire l'odeur du tabac mêlé à l'opium et au sucre ; dans la nuit de ta chevelure, je vois resplendir l'infini de l'azur tropical ; sur les rivages duvetés de ta chevelure je m'enivre des odeurs combinées du goudron, du musc et de l'huile de coco.

Laisse-moi mordre longtemps tes tresses lourdes et noires. Quand je mordille tes cheveux élastiques et rebelles, il me semble que je mange des souvenirs.

17. A Hemisphere in a Head of Hair

Let me breathe and breathe again the fragrance of your hair, immerse my face, as would a parched man in the waters of a spring, and let my hand move it like a scented kerchief, shaking memories out into the air.

If you knew all I see, inhale, listen to in your hair! My soul rides on its perfume as other men's on music.

In your hair, a dream, a throng of sails and masts. In it, great seas whose storms transport me to sweet climates, to space deeper and more blue, where the air is perfumed with fruit, leaves and human skin.

In the ocean of your hair, I glimpse a harbour rich in melancholy song, sturdy men of every nation, ships of every type, their slender, detailed architecture outlined against a huge sky where eternal warmth lies at ease.

In the caress of your hair, I am back in the languor of long hours on a divan, in a cabin of a fine ship, rocked by the imperceptible rise and fall of harbour water, among pots of flowers and cooling pitchers.

In the burning glow of your hair, I breathe the aroma of tobacco mixed with opium and sugar; in the night of your hair, I see the sheen of tropical azure; on your hair's downy banks, the blend of tar, musk and coconut oil ravish me.

Let me bite and bite again your dark, heavy tresses. When I nibble your defiant, elastic hair, it seems to me I am nourishing myself on memories.

1857, 1861, 1862

18. L'INVITATION AU VOYAGE

Il est un pays superbe, un pays de Cocagne, dit-on, que je rêve de visiter avec une vieille amie. Pays singulier, noyé dans les brumes de notre Nord, et qu'on pourrait appeler l'Orient de l'Occident, la Chine de l'Europe, tant la chaude et capricieuse fantaisie s'y est donné carrière, tant elle l'a patiemment et opiniâtrement illustré de ses savantes et délicates végétations.

Un vrai pays de Cocagne, où tout est beau, riche, tranquille, honnête ; où le luxe a plaisir à se mirer dans l'ordre ; où la vie est grasse et douce à respirer ; d'où le désordre, la turbulence et l'imprévu sont exclus ; où le bonheur est marié au silence ; où la cuisine elle-même est poétique, grasse et excitante à la fois ; où tout vous ressemble, mon cher ange.

Tu connais cette maladie fiévreuse qui s'empare de nous dans les froides misères, cette nostalgie du pays qu'on ignore, cette angoisse de la curiosité ? Il est une contrée qui te ressemble, où tout est beau, riche, tranquille et honnête, où la fantaisie a bâti et décoré une Chine occidentale, où la vie est douce à respirer, où le bonheur est marié au silence. C'est là qu'il faut aller vivre, c'est là qu'il faut aller mourir !

Oui, c'est là qu'il faut aller respirer, rêver et allonger les heures par l'infini des sensations. Un musicien a écrit l'*Invitation à la valse* ; quel est celui qui composera l'*Invitation au voyage,* qu'on puisse offrir à la femme aimée, à la sœur d'élection ?

Oui, c'est dans cette atmosphère qu'il ferait bon vivre, — là-bas, où les heures plus lentes contiennent plus de pensées, où les horloges sonnent le bonheur avec une plus profonde et plus significative solennité.

Sur des panneaux luisants, ou sur des cuirs dorés et d'une richesse sombre, vivent discrètement des peintures béates, calmes et profondes, comme les âmes des artistes qui les créèrent. Les soleils couchants, qui colorent si richement la salle à manger ou le salon, sont tamisés par de belles étoffes ou par ces hautes fenêtres ouvragées que le plomb divise en

18. Invitation to a Voyage

There is a superb country, a Cockaigne, they say, which I dream of visiting with a lady long dear to me. A singular country, lost in our northern mists. It might be called the western Orient, Europe's China, so much freedom have fantasy's urgent caprices found there, so painstakingly and obdurately has fantasy planted it with delicate, exotic growth.

A real Cockaigne, where everything is beautiful, sumptuous, authentic, still; where order reflects luxury; where fertile life is sweet to breathe; from which are banished disorder, turbulence, the unforeseen; where happiness is wedded to silence; and the cuisine is at once poetic, rich and exciting; where, my angel, all resembles you.

Do you know that high fever which invades us in our cold suffering, that aching for a land we do not know, that anguish of curiosity? There is a country which resembles you, where everything is beautiful, sumptuous, authentic, still, where fantasy has built and adorned a western China, where life is sweet to breathe, where happiness is wedded to silence. That is where to live, that is where to die!

Yes, that is where to breathe, dream, lengthen the hours with an infinity of sensations. A musician has written *Invitation to the Waltz*; who will compose *Invitation to a Voyage*, to be offered to the loved one, the chosen sister?

Yes, in that atmosphere life would be sweet, delicious – in that place where slower hours hold more thoughts, clocks chime happiness with deeper, more telling solemnity.

On glistening panels, on burnished, gilded hide, calm, serene, profound paintings spend their understated lives, like the souls of the artists who created them. The setting suns giving rich colour to the dining room and drawing room are sifted through gorgeous fabrics or the leaded panes of tall windows. The furniture

nombreux compartiments. Les meubles sont vastes, curieux, bizarres, armés de serrures et de secrets comme des âmes raffinées. Les miroirs, les métaux, les étoffes, l'orfévrerie et la faïence y jouent pour les yeux une symphonie muette et mystérieuse ; et de toutes choses, de tous les coins, des fissures des tiroirs et des plis des étoffes s'échappe un parfum singulier, un *revenez-y* de Sumatra, qui est comme l'âme de l'appartement.

Un vrai pays de Cocagne, te dis-je, où tout est riche, propre et luisant, comme une belle conscience, comme une magnifique batterie de cuisine, comme une splendide orfévrerie, comme une bijouterie bariolée ! Les trésors du monde y affluent, comme dans la maison d'un homme laborieux et qui a bien mérité du monde entier. Pays singulier, supérieur aux autres, comme l'Art l'est à la Nature, où celle-ci est réformée par le rêve, où elle est corrigée, embellie, refondue.

Qu'ils cherchent, qu'ils cherchent encore, qu'ils reculent sans cesse les limites de leur bonheur, ces alchimistes de l'horticulture ! Qu'ils proposent des prix de soixante et de cent mille florins pour qui résoudra leurs ambitieux problèmes ! Moi, j'ai trouvé ma *tulipe noire* et mon *dahlia bleu* !

Fleur incomparable, tulipe retrouvée, allégorique dahlia, c'est là, n'est-ce pas, dans ce beau pays si calme et si rêveur, qu'il faudrait aller vivre et fleurir ? Ne serais-tu pas encadrée dans ton analogie, et ne pourrais-tu pas te mirer, pour parler comme les mystiques, dans ta propre *correspondance* ?

Des rêves ! toujours des rêves ! et plus l'âme est ambitieuse et délicate, plus les rêves l'éloignent du possible. Chaque homme porte en lui sa dose d'opium naturel, incessamment sécrétée et renouvelée, et, de la naissance à la mort, combien comptons-nous d'heures remplies par la jouissance positive, par l'action réussie et décidée ? Vivrons-nous jamais, passerons-nous jamais dans ce tableau qu'a peint mon esprit, ce tableau qui te ressemble ?

Ces trésors, ces meubles, ce luxe, cet ordre, ces parfums, ces fleurs miraculeuses, c'est toi. C'est encore toi, ces grands fleuves et ces canaux tranquilles. Ces énormes navires qu'ils charrient, tout chargés de richesses, et d'où montent les chants monotones de la manœuvre, ce sont mes pensées qui dorment ou qui roulent sur ton sein. Tu les

is vast, strange, armed with locks and secrets, like refined souls. Mirrors, metals, fabrics, plates, ceramics, perform a symphony for our eyes, silent and mysterious, and from every object, every corner, from cracks in drawers, folds in drapery, there comes a singular perfume, a *come back!* to Sumatra, the apartment's very soul, it seems.

I repeat, a true Cockaigne, where all is rich, clean, resplendent, like a clear conscience, like a gleaming kitchen, like splendid gold, like the facets of a jewel. It is where the world's treasures gather, as in the house of a hard worker who has well deserved his universal acclaim. Singular land, superior to all others, as Art is to Nature, a land where reverie remakes Nature, corrects, adorns and recasts it.

Let the alchemists of horticulture search and search, tirelessly pushing back the frontiers of their happiness! Let them offer bounties of sixty or a hundred thousand florins to anyone who can resolve their ambitious problems! For my part, I have found my *black tulip* and my *blue dahlia*!*

Incomparable flower, rediscovered tulip, allegorical dahlia, it is there – no? – in that lovely region, so calm and charged with dream, that you should go to live and flourish. Would you not be rooted in your own analogy, would you not see yourself, to use the language of mystics, in your own *correspondence*?

Dreams, always dreams! And the more the soul is ambitious and discerning, the greater the distance between dream and the possible. Every man contains within him a natural amount of opiate, endlessly secreted and renewed, and between birth and death how many hours can we count which firm, successful action fills with positive delight? Shall we ever be part of the picture my mind has painted, the picture that looks like you?

These riches, this furniture, opulence, order, these perfumes, these miraculous flowers – all is you. And you too are those great rivers and tranquil canals. Those huge, treasure-laden ships moving to monotonous shanties are my thoughts asleep or drifting on your breast. You steer them gently towards that

conduis doucement vers la mer qui est l'Infini, tout en réfléchissant les profondeurs du ciel dans la limpidité de ta belle âme ; — et quand, fatigués par la houle et gorgés des produits de l'Orient, ils rentrent au port natal, ce sont encore mes pensées enrichies qui reviennent de l'infini vers toi.

sea which is Infinity, the sky's depths reflected in the candour of your beautiful soul. And when, exhausted by the swell, and overflowing with Eastern merchandise, they return to their native port, it is my enriched thoughts that come back from the Infinite, seeking you.

1857, 1861, 1862

19. LE JOUJOU DU PAUVRE

Je veux donner l'idée d'un divertissement innocent. Il y a si peu d'amusements qui ne soient pas coupables !

Quand vous sortirez le matin avec l'intention décidée de flâner sur les grandes routes, remplissez vos poches de petites inventions à un sol, — telles que le polichinelle plat mû par un seul fil, les forgerons qui battent l'enclume, le cavalier et son cheval dont la queue est un sifflet, — et le long des cabarets, au pied des arbres, faites-en hommage aux enfants inconnus et pauvres que vous rencontrerez. Vous verrez leurs yeux s'agrandir démesurément. D'abord ils n'oseront pas prendre ; ils douteront de leur bonheur. Puis leurs mains agripperont vivement le cadeau, et ils s'enfuiront comme font les chats qui vont manger loin de vous le morceau que vous leur avez donné, ayant appris à se défier de l'homme.

Sur une route, derrière la grille d'un vaste jardin, au bout duquel apparaissait la blancheur d'un joli château frappé par le soleil, se tenait un enfant beau et frais, habillé de ces vêtements de campagne si pleins de coquetterie.

Le luxe, l'insouciance et le spectacle habituel de la richesse, rendent ces enfants-là si jolis, qu'on les croirait faits d'une autre pâte que les enfants de la médiocrité ou de la pauvreté.

À côté de lui, gisait sur l'herbe un joujou splendide, aussi frais que son maître, verni, doré, vêtu d'une robe pourpre, et couvert de plumets et de verroteries. Mais l'enfant ne s'occupait pas de son joujou préféré, et voici ce qu'il regardait :

De l'autre côté de la grille, sur la route, entre les chardons et les orties, il y avait un autre enfant, sale, chétif, fuligineux, un de ces marmots-parias dont un œil impartial découvrirait la beauté, si, comme l'œil du connaisseur devine une peinture idéale sous un vernis de carrossier, il le nettoyait de la répugnante patine de la misère.

19. The Poor Boy's Toy

I want to give an idea of an innocent game. There are so few diversions unsullied by guilt!

When you go out in the morning, firmly intending to wander the streets, fill your pockets with dirt-cheap knick-knacks, such as a cardboard Mr Punch worked by string, or blacksmiths hammering their anvils, or a rider on a horse with a whistle where the tail goes. Then, outside taprooms and beneath trees, make a present of them to unknown, destitute children. Watch their eyes widen. At first they will not dare take them, not believing their luck. Then they will snatch the gifts and scarper, like streetwise cats, wary of humans, off to consume titbits thrown their way.

On the open road, behind the gates of a very large garden containing a lovely mansion sparkling in the sun, there was a beautiful young boy dressed in coquettish country garb.

Luxury, unconcern, privilege taken for granted, render such creatures so gorgeous they seem not made of the same stuff as children of the bourgeoisie and the poor.

Beside him there lay on the grass a splendid toy, a doll as pristine as its master – glossy, gilded, dressed in purple, covered in plumes and spangles. But the child was not interested in his favourite plaything. This is what he was watching:

On the far side of the gates, on the road, among the thistles and nettles, was another boy, sickly and black with dirt, one of those urchins whose beauty an unprejudiced observer might uncover if, as a discerning eye makes out the painting lost beneath a subsequent coat of varnish, the observer wiped away the disgusting patina of poverty.

À travers ces barreaux symboliques séparant deux mondes, la grande route et le château, l'enfant pauvre montrait à l'enfant riche son propre joujou, que celui-ci examinait avidement comme un objet rare et inconnu. Or, ce joujou, que le petit souillon agaçait, agitait et secouait dans une boîte grillée, c'était un rat vivant ! Les parents, par économie sans doute, avaient tiré le joujou de la vie elle-même.

Et les deux enfants se riaient l'un à l'autre fraternellement, avec des dents d'une *égale* blancheur.

Through the symbolic bars separating two worlds, the château and the highway, the poor boy was showing the rich one his own toy; the rich boy was inspecting it hungrily, as if it were something rare and unknown. In fact, the toy the bedraggled lad was prodding, poking, shaking inside its improvised cage, was a live rat! No doubt to save money the parents had taken the plaything from life itself.

And the two children exchanged laughter like brothers, their teeth *equally* white.

1862

20. LES DONS DES FÉES

C'était grande assemblée des Fées, pour procéder à la répartition des dons parmi tous les nouveau-nés, arrivés à la vie depuis vingt-quatre heures.

Toutes ces antiques et capricieuses Sœurs du Destin, toutes ces Mères bizarres de la joie et de la douleur, étaient fort diverses : les unes avaient l'air sombre et rechigné, les autres, un air folâtre et malin ; les unes, jeunes, qui avaient toujours été jeunes ; les autres, vieilles, qui avaient toujours été vieilles.

Tous les pères qui ont foi dans les Fées étaient venus, chacun apportant son nouveau-né dans ses bras.

Les Dons, les Facultés, les bons Hasards, les Circonstances invincibles, étaient accumulés à côté du tribunal, comme les prix sur l'estrade, dans une distribution de prix. Ce qu'il y avait ici de particulier, c'est que les Dons n'étaient pas la récompense d'un effort, mais tout au contraire une grâce accordée à celui qui n'avait pas encore vécu, une grâce pouvant déterminer sa destinée et devenir aussi bien la source de son malheur que de son bonheur.

Les pauvres Fées étaient très-affairées ; car la foule des solliciteurs était grande, et le monde intermédiaire, placé entre l'homme et Dieu, est soumis comme nous à la terrible loi du Temps et de son infinie postérité, les Jours, les Heures, les Minutes, les Secondes.

En vérité, elles étaient aussi ahuries que des ministres un jour d'audience, ou des employés du Mont-de-Piété quand une fête nationale autorise les dégagements gratuits. Je crois même qu'elles regardaient de temps à autre l'aiguille de l'horloge avec autant d'impatience que des juges humains qui, siégeant depuis le matin, ne peuvent s'empêcher de rêver au dîner, à la famille et à leurs chères pantoufles. Si, dans la justice surnaturelle, il y a un peu de précipitation et de hasard, ne nous étonnons pas qu'il en soit de même quelquefois dans la justice humaine. Nous serions nous-mêmes, en ce cas, des juges injustes.

20. Fairy Gifts

Large numbers of Fairies assembled to allocate gifts to every baby new to life during the last twenty-four hours.

Not one of those sisters of Destiny, capricious and from another age, all those strange Mothers of joy and sorrow was like another; some had a dark and dismal look, others seemed playful and devious; some looked young, perennially young, others old, perennially old.

All the fathers who believed in Fairies had turned up, each bearing his newborn in his arms.

The Gifts, the Faculties, the Lucky Chances, the Invisible circumstances were piled by the rostrum like prizes on the stage of an awards ceremony. The unusual feature was that the gifts were not rewards for past efforts but, on the contrary, a grace accorded those who had not yet begun to live, a grace capable of deciding their destiny and of becoming the source as much of ill fortune as of happiness.

The poor Fairies were very busy; as the throng of supplicants was large, and the intermediate world, poised between Man and God, is subject as are we to the terrible law of Time and of its infinite posterity, Days, Hours, Minutes, Seconds.

In truth, they were as discomfited as ministers summoned by the head of state, or pawnbrokers obliged by a national holiday to allow free redemptions. I believe even that from time to time they glanced at the clock as impatiently as human magistrates who, sitting all day, cannot stop their thoughts straying to dinner, family, cosy carpet slippers. If supernatural justice can seem a touch hasty and random, we should not be surprised the same is true sometimes of human justice. Surely that would make us unjust judges ourselves.

Aussi furent commises ce jour-là quelques bourdes qu'on pourrait considérer comme bizarres, si la prudence, plutôt que le caprice, était le caractère distinctif, éternel des Fées.

Ainsi la puissance d'attirer magnétiquement la fortune fut adjugée à l'héritier unique d'une famille très-riche, qui, n'étant doué d'aucun sens de charité, non plus que d'aucune convoitise pour les biens les plus visibles de la vie, devait se trouver plus tard prodigieusement embarrassé de ses millions.

Ainsi furent donnés l'amour du Beau et la Puissance poétique au fils d'un sombre gueux, carrier de son état, qui ne pouvait, en aucune façon, aider les facultés, ni soulager les besoins de sa déplorable progéniture.

J'ai oublié de vous dire que la distribution, en ces cas solennels, est sans appel, et qu'aucun don ne peut être refusé.

Toutes les Fées se levaient, croyant leur corvée accomplie ; car il ne restait plus aucun cadeau, aucune largesse à jeter à tout ce fretin humain, quand un brave homme, un pauvre petit commerçant, je crois, se leva, et empoignant par sa robe de vapeurs multicolores la Fée qui était le plus à sa portée, s'écria :

« Eh ! madame ! vous nous oubliez ! Il y a encore mon petit ! Je ne veux pas être venu pour rien. »

La Fée pouvait être embarrassée ; car il ne restait plus *rien*. Cependant elle se souvint à temps d'une loi bien connue, quoique rarement appliquée, dans le monde surnaturel, habité par ces déités impalpables, amies de l'homme, et souvent contraintes de s'adapter à ses passions, telles que les Fées, les Gnomes, les Salamandres, les Sylphides, les Sylphes, les Nixes, les Ondins et les Ondines, — je veux parler de la loi qui concède aux Fées, dans un cas semblable à celui-ci, c'est-à-dire le cas d'épuisement des lots, la faculté d'en donner encore un, supplémentaire et exceptionnel, pourvu toutefois qu'elle ait l'imagination suffisante pour le créer immédiatement.

Donc la bonne Fée répondit, avec un aplomb digne de son rang : « Je donne à ton fils... je lui donne... le *Don de plaire !* »

« Mais plaire comment ? plaire... ? plaire pourquoi ? » demanda opiniâtrément le petit boutiquier, qui était sans doute un de ces raisonneurs si communs, incapable de s'élever jusqu'à la logique de l'Absurde.

And so, that day, blunders were committed which might be considered bizarre if prudence, not caprice, were the Fairies' indelible distinguishing mark.

Thus the power to attract wealth by magnetism was awarded to the sole heir of a very rich family who, devoid both of charitable instincts and of the need for ostentation, later found himself greatly encumbered by his millions.

Thus a Poet's voice and the love of Beauty were granted to the child of some quarryman without the remotest ability to nurture his pitiable offspring's gifts or provide for him.

I have forgotten to tell you that at solemn ceremonies such as this the judge's decisions are final; they cannot be appealed, nor any prize refused.

The Fairies were all getting to their feet, thinking their duty done, as there remained no presents, no largesse, to bestow on the human flotsam and jetsam, when a worthy fellow – a small shopkeeper, I believe – stood up and, seizing the nearest Fairy by her colourful gossamer dress, cried:

"Madame, you are forgetting us! There is still my little one! I don't want to have come here for nothing."

Well might this Fairy have felt awkward; not a *single* thing was left. However, she managed in time to remember a well-known though rarely invoked law of the supernatural world's insubstantial deities, friends to Man and often obliged to accommodate his passions, such as Fairies, Gnomes, Salamanders, Sylphids, Sylphs, Nixies, Water Sprites – I mean the law that grants a Fairy in cases such as these, when assets have run out, the power to make exceptional supplementary awards, provided of course she has the imagination to invent one on the spot.

And so the good Fairy, calm as befitted her rank, answered: "I grant your son... your son... the *Gift of pleasing*!"

"How, pleasing? And why pleasing?" the little shopkeeper demanded to know; he was no doubt one of those all too common argumentative types, unable to master the logic of the Absurd.

« Parce que ! parce que ! » répliqua la Fée courroucée, en lui tournant le dos ; et rejoignant le cortége de ses compagnes, elle leur disait : « Comment trouvez-vous ce petit Français vaniteux, qui veut tout comprendre, et qui ayant obtenu pour son fils le meilleur des lots, ose encore interroger et discuter l'indiscutable ? »

"Because, because!" replied the angered Fairy, turning her back. She rejoined the ranks of her peers and said: "What do you think of that pompous Frenchman who wants to understand everything, who gets his son the first prize, and then has the gall to go on questioning and arguing the unarguable?"

1862

21. LES TENTATIONS
OU ÉROS, PLUTUS ET LA GLOIRE

Deux superbes Satans et une Diablesse, non moins extraordinaire, ont la nuit dernière monté l'escalier mystérieux par où l'Enfer donne assaut à la faiblesse de l'homme qui dort, et communique en secret avec lui. Et ils sont venus se poser glorieusement devant moi, debout comme sur une estrade. Une splendeur sulfureuse émanait de ces trois personnages, qui se détachaient ainsi du fond opaque de la nuit. Ils avaient l'air si fier et si plein de domination, que je les pris d'abord tous les trois pour de vrais Dieux.

Le visage du premier Satan était d'un sexe ambigu, et il y avait aussi, dans les lignes de son corps, la mollesse des anciens Bacchus. Ses beaux yeux languissants, d'une couleur ténébreuse et indécise, ressemblaient à des violettes chargées encore des lourds pleurs de l'orage, et ses lèvres entr'ouvertes à des cassolettes chaudes, d'où s'exhalait la bonne odeur d'une parfumerie ; et à chaque fois qu'il soupirait, des insectes musqués s'illuminaient, en voletant, aux ardeurs de son souffle.

Autour de sa tunique de pourpre était roulé, en manière de ceinture, un serpent chatoyant qui, la tête relevée, tournait langoureusement vers lui ses yeux de braise. À cette ceinture vivante étaient suspendus, alternant avec des fioles pleines de liqueurs sinistres, de brillants couteaux et des instruments de chirurgie. Dans sa main droite il tenait une autre fiole dont le contenu était d'un rouge lumineux, et qui portait pour étiquette ces mots bizarres : « Buvez, ceci est mon sang, un parfait cordial ; » dans la gauche, un violon qui lui servait sans doute à chanter ses plaisirs et ses douleurs, et à répandre la contagion de sa folie dans les nuits de sabbat.

À ses chevilles délicates traînaient quelques anneaux d'une chaîne d'or rompue, et quand la gêne qui en résultait le forçait à baisser les yeux vers la terre, il contemplait vaniteusement les ongles de ses pieds, brillants et polis comme des pierres bien travaillées.

21. Temptations
Or Eros, Plutus and Glory

Two superb Satans and a She-Devil no less extraordinary last night climbed the mysterious stairs Hell uses to take advantage of someone asleep and whisper in his ear. They stood before me, glorious, as though on a stage. The sulphuric splendour emanating from those three figures set them off against the opaque night. So haughty was their bearing, so commanding, that initially I took them all for real gods.

The first Satan's face was androgynous; the contours of his body had the softness of an ancient Bacchus. His beautiful, languid eyes, their colour shady and uncertain, resembled violets still heavy with a storm's tears; his half-open lips were like warm incense-burners releasing the heady fragrance of a perfumery. Each time he sighed, the heat of his breath lit up swirls of musky insects.

Round his purple tunic was a gleaming snake, like a belt; its head raised, it turned its languorous, fire-coal eyes on him. From this living belt hung, alternately, phials charged with sinister liqueurs, glinting knives and surgical instruments. In his right hand he held another phial whose contents were a luminous red and bore the bizarre label: "Drink. This is my blood, a perfect cordial." In his left hand was a violin which no doubt accompanied his songs of pleasure and pain, and on nights of revelry spread the contagion of his madness.

From his slim heels trailed a few links from a broken gold chain, and when chafing forced his gaze downwards, vanity diverted his attention to his toenails, as polished as cut stones.

Il me regarda avec ses yeux inconsolablement navrés, d'où s'écoulait une insidieuse ivresse, et il me dit d'une voix chantante : « Si tu veux, si tu veux, je te ferai le seigneur des âmes, et tu seras le maître de la matière vivante, plus encore que le sculpteur peut l'être de l'argile ; et tu connaîtras le plaisir, sans cesse renaissant, de sortir de toi-même pour t'oublier dans autrui, et d'attirer les autres âmes jusqu'à les confondre avec la tienne. »

Et je lui répondis : « Grand merci ! je n'ai que faire de cette pacotille d'êtres qui, sans doute, ne valent pas mieux que mon pauvre moi. Bien que j'aie quelque honte à me souvenir, je ne veux rien oublier ; et quand même je ne te connaîtrais pas, vieux monstre, ta mystérieuse coutellerie, tes fioles équivoques, les chaînes dont tes pieds sont empêtrés, sont des symboles qui expliquent assez clairement les inconvénients de ton amitié. Garde tes présents. »

Le second Satan n'avait ni cet air à la fois tragique et souriant, ni ces belles manières insinuantes, ni cette beauté délicate et parfumée. C'était un homme vaste, à gros visage sans yeux, dont la lourde bedaine surplombait les cuisses, et dont toute la peau était dorée et illustrée, comme d'un tatouage, d'une foule de petites figures mouvantes représentant les formes nombreuses de la misère universelle. Il y avait de petits hommes efflanqués qui se suspendaient volontairement à un clou ; il y avait de petits gnomes difformes, maigres, dont les yeux suppliants réclamaient l'aumône mieux encore que leurs mains tremblantes ; et puis de vieilles mères portant des avortons accrochés à leurs mamelles exténuées. Il y en avait encore bien d'autres.

Le gros Satan tapait avec son poing sur son immense ventre, d'où sortait alors un long et retentissant cliquetis de métal, qui se terminait en un vague gémissement fait de nombreuses voix humaines. Et il riait, en montrant impudemment ses dents gâtées, d'un énorme rire imbécile, comme certains hommes de tous les pays quand ils ont trop bien dîné.

Et celui-là me dit : « Je puis te donner ce qui obtient tout, ce qui vaut tout, ce qui remplace tout ! » Et il tapa sur son ventre monstrueux, dont l'écho sonore fit le commentaire de sa grossière parole.

Je me détournai avec dégoût, et je répondis : « Je n'ai besoin, pour ma jouissance, de la misère de personne ; et je ne veux pas d'une richesse attristée, comme un papier de tenture, de tous les malheurs représentés sur ta peau. »

He fixed on me his inconsolably pained eyes, from which seeped an insidious intoxication, and in a mellifluous voice said: "If you wish, if you wish, I will make you lord of souls, you will master live matter, better even than the sculptor clay. And you will know the ever-renewed delight of escaping from yourself to immerse yourself in others, and of drawing in the souls of other people so closely that they merge with yours."

I replied: "No thank you! What do I want with a bunch of feeble creatures like me, and as worthless? Although memory can bring shame, I wish to forget nothing; and were it not, you old monster, that I know you already, your mysterious knives, your treacherous potions, your chained feet would warn me enough to stay clear of you. Keep your gifts."

The second Satan had neither that mixture of tragedy and smiles, nor those fine, seductive manners, nor that delicate, scented beauty. He was a huge man; a fat face without eyes, a gross gut spilling into his lap, skin a latticework of gold, decorations and little mobile figures depicting the variety of universal wretchedness. There were wispy little men happily dangling from a nail; there were deformed, wasted gnomes whose imploring eyes begged better than their hands; and old mothers, with sickly infants at their spent breasts. And many, many more.

The fat Satan drummed his huge belly with his fist, producing long, resounding metallic clicks, culminating in a chorus of human groans. And he laughed, an unashamed display of rotten teeth, a huge, moronic roar, the laugh of men the world over when they have stuffed themselves with food.

He said to me: "I can give you what gets anything, is worth all, compensates for everything!" And he tapped his monstrous belly, whose cavernous echo was the commentary to his odious words.

I turned aside in disgust, replying: "I can derive no pleasure from the misery of another person; I want no wealth saddened like wallpaper by the awfulness drawn on your skin."

Quant à la Diablesse, je mentirais si je n'avouais pas qu'à première vue je lui trouvai un bizarre charme. Pour définir ce charme, je ne saurais le comparer à rien de mieux qu'à celui des très-belles femmes sur le retour, qui cependant ne vieillissent plus, et dont la beauté garde la magie pénétrante des ruines. Elle avait l'air à la fois impérieux et dégingandé, et ses yeux, quoique battus, contenaient une force fascinatrice. Ce qui me frappa le plus, ce fut le mystère de sa voix, dans laquelle je retrouvais le souvenir des *contralti* les plus délicieux et aussi un peu de l'enrouement des gosiers incessamment lavés par l'eau-de-vie.

« Veux-tu connaître ma puissance ? » dit la fausse déesse avec sa voix charmante et paradoxale. « Écoute. »

Et elle emboucha alors une gigantesque trompette, enrubannée, comme un mirliton, des titres de tous les journaux de l'univers, et à travers cette trompette elle cria mon nom, qui roula ainsi à travers l'espace avec le bruit de cent mille tonnerres, et me revint répercuté par l'écho de la plus lointaine planète.

« Diable ! » fis-je, à moitié subjugué, « voilà qui est précieux ! » Mais en examinant plus attentivement la séduisante virago, il me sembla vaguement que je la reconnaissais pour l'avoir vue trinquant avec quelques drôles de ma connaissance ; et le son rauque du cuivre apporta à mes oreilles je ne sais quel souvenir d'une trompette prostituée.

Aussi je répondis, avec tout mon dédain : « Va-t'en ! Je ne suis pas fait pour épouser la maîtresse de certains que je ne veux pas nommer. »

Certes, d'une si courageuse abnégation j'avais le droit d'être fier. Mais malheureusement je me réveillai, et toute ma force m'abandonna. « En vérité, me dis-je, il fallait que je fusse bien lourdement assoupi pour montrer de tels scrupules. Ah ! s'ils pouvaient revenir pendant que je suis éveillé, je ne ferais pas tant le délicat ! »

Et je les invoquai à haute voix, les suppliant de me pardonner, leur offrant de me déshonorer aussi souvent qu'il le faudrait pour mériter leurs faveurs ; mais je les avais sans doute fortement offensés, car ils ne sont jamais revenus.

As for the She-Devil, I would be lying if I did not admit I found her strangely captivating at first sight. The best way to describe her allure is to liken it to that of very beautiful women when they start to fade, yet whose ageing stops at a certain point, and whose beauty has the piercing magic of ruins. She seemed both imperious and clumsy, and her eyes, though fatigued, held a fascinating power. What struck me most was the mystery in her voice, bringing back memories of delicious contraltos, as well as rough, brandy-soaked larynxes.

"Would you like to know my powers?" the false divinity asked in her charming, contradictory voice. "Then listen."

And she placed to her lips a gigantic trumpet tied like a toy with ribbons bearing the titles of all the world's newspapers, and she made the trumpet blast out my name, which tumbled through space booming like a million thunderstorms, then returned on echoes rebounding from the farthest star.

Half won over, I exclaimed: "That *is* worth considering, by God!" However, on scrutinizing the irresistible virago, something nagged at me; I had seen her drinking with reprobates of my acquaintance; and the raw sound of brass brought back a different strumpet sound.

And so I replied with complete disdain: "Go! I am not the sort to marry the shared whore of men I don't care to name."

Yes, I felt justly proud of such valiant renunciation. Unfortunately, I awoke, and my courage deserted me. I told myself: "No, to show such scruples I must have been in a coma. If only they came back now I'm awake, I'd have no qualms!"

I called out to them, begging their forgiveness, offering to abase myself as often as they liked to win their favour; but my offence must have been grave, as they have never returned.

1863

22. LE CRÉPUSCULE DU SOIR

Le jour tombe. Un grand apaisement se fait dans les pauvres esprits fatigués du labeur de la journée ; et leurs pensées prennent maintenant les couleurs tendres et indécises du crépuscule.

Cependant du haut de la montagne arrive à mon balcon, à travers les nues transparentes du soir, un grand hurlement, composé d'une foule de cris discordants, que l'espace transforme en une lugubre harmonie, comme celle de la marée qui monte ou d'une tempête qui s'éveille.

Quels sont les infortunés que le soir ne calme pas, et qui prennent, comme les hiboux, la venue de la nuit pour un signal de sabbat ? Cette sinistre ululation nous arrive du noir hospice perché sur la montagne ; et, le soir, en fumant et en contemplant le repos de l'immense vallée, hérissée de maisons dont chaque fenêtre dit : « C'est ici la paix maintenant ; c'est ici la joie de la famille ! » je puis, quand le vent souffle de là-haut, bercer ma pensée étonnée à cette imitation des harmonies de l'enfer.

Le crépuscule excite les fous. — Je me souviens que j'ai eu deux amis que le crépuscule rendait tout malades. L'un méconnaissait alors tous les rapports d'amitié et de politesse, et maltraitait, comme un sauvage, le premier venu. Je l'ai vu jeter à la tête d'un maître d'hôtel un excellent poulet, dans lequel il croyait voir je ne sais quel insultant hiéroglyphe. Le soir, précurseur des voluptés profondes, lui gâtait les choses les plus succulentes.

L'autre, un ambitieux blessé, devenait, à mesure que le jour baissait, plus aigre, plus sombre, plus taquin. Indulgent et sociable encore pendant la journée, il était impitoyable le soir ; et ce n'était pas seulement sur autrui, mais aussi sur lui-même, que s'exerçait rageusement sa manie crépusculeuse.

Le premier est mort fou, incapable de reconnaître sa femme et son enfant ; le second porte en lui l'inquiétude d'un malaise perpétuel, et fût-il gratifié de tous les honneurs que peuvent conférer les républiques et les

22. Evening Twilight

Daylight fades. Minds exhausted by the toils of the day settle, and their thoughts bathe in the tender half-tones of twilight.

But from the mountain top, through the transparent vapours of evening, a great cacophony of discords reaches my balcony, transmuted into sombre harmony by space, like tides rising, storms breaking.

Which are the unlucky souls evening does not calm but which, like owls, take the fall of night as the cue for sorcery? The sinister hooting floats to us from its dark perch high in the mountain; and, come evening, as I smoke and contemplate the quiet of the great valley crowded with houses whose windows proclaim: "Here now is peace, here the joy of family!", in the breeze I am able to still my thoughts, thoughts startled by that imitation of hell's harmonies.

Dusk excites the mad – I recall two friends of mine whom twilight made ill. One disregarded the rules of friendship and politeness and, like a savage, abused all and sundry. I have seen him hurl perfectly good chicken at a waiter because he thought he saw in it some coded insult. Twilight, the prelude to feasts of pleasure, ruined for him everything succulent.

The other friend, all frustrated ambition, became increasingly sour, moody, short-tempered as day waned. Tolerant and sociable in daytime, by evening he became merciless. His crepuscular rage was aimed not just at others, but also at himself.

The first friend died insane, not able to recognize his own wife and child; the second is beset by unremitting malaise, and were he to receive every accolade a republic can bestow,

princes, je crois que le crépuscule allumerait encore en lui la brûlante envie de distinctions imaginaires. La nuit, qui mettait ses ténèbres dans leur esprit, fait la lumière dans le mien ; et, bien qu'il ne soit pas rare de voir la même cause engendrer deux effets contraires, j'en suis toujours comme intrigué et alarmé.

Ô nuit ! ô rafraîchissantes ténèbres ! vous êtes pour moi le signal d'une fête intérieure, vous êtes la délivrance d'une angoisse ! Dans la solitude des plaines, dans les labyrinthes pierreux d'une capitale, scintillement des étoiles, explosion des lanternes, vous êtes le feu d'artifice de la déesse Liberté !

Crépuscule, comme vous êtes doux et tendre ! Les lueurs roses qui traînent encore à l'horizon comme l'agonie du jour sous l'oppression victorieuse de sa nuit, les feux des candélabres qui font des taches d'un rouge opaque sur les dernières gloires du couchant, les lourdes draperies qu'une main invisible attire des profondeurs de l'Orient, imitent tous les sentiments compliqués qui luttent dans le cœur de l'homme aux heures solennelles de la vie.

On dirait encore une de ces robes étranges de danseuses, où une gaze transparente et sombre laisse entrevoir les splendeurs amorties d'une jupe éclatante, comme sous le noir présent transperce le délicieux passé ; et les étoiles vacillantes d'or et d'argent, dont elle est semée, représentent ces feux de la fantaisie qui ne s'allument bien que sous le deuil profond de la Nuit.

I believe twilight still would make his brain burn with the need for imaginary distinctions. Night, which threw their minds into darkness, bathes mine in light; and though often one cause produces two opposed effects, I am always intrigued and alarmed.

Night! Refreshing gloom! You permit me to start my inner festivities; you free me from anguish! In the solitude of plains, in the city's labyrinth of stones, scintillation of stars, explosions of lamplight, you are the firework display of the goddess Liberty!

Dusk, how soft and gentle you are! The rose glow lingering on the horizon, death throes of the day dispatched by triumphant night, candelabra light splashing the final glory of sunset with opaque red, the heavy drapes an invisible hand draws from deep in the Orient, imitate all the complicated feelings warring in men's hearts at life's solemn moments.

Or what comes to mind is a ballerina's strange attire, whose dark, translucent gauze hints at a dazzling skirt's muted splendour, as a delicious past pierces the murky present; and gold and silver stars glittering on that skirt are imagination's fires, catching only when Night dons deep mourning.

1855, 1857, 1861, 1864

23. LA SOLITUDE

Un gazetier philanthrope me dit que la solitude est mauvaise pour l'homme ; et à l'appui de sa thèse, il cite, comme tous les incrédules, des paroles des Pères de l'Église.

Je sais que le Démon fréquente volontiers les lieux arides, et que l'Esprit de meurtre et de lubricité s'enflamme merveilleusement dans les solitudes. Mais il serait possible que cette solitude ne fût dangereuse que pour l'âme oisive et divagante qui la peuple de ses passions et de ses chimères.

Il est certain qu'un bavard, dont le suprême plaisir consiste à parler du haut d'une chaire ou d'une tribune, risquerait fort de devenir fou furieux dans l'île de Robinson. Je n'exige pas de mon gazetier les courageuses vertus de Crusoé, mais je demande qu'il ne décrète pas d'accusation les amoureux de la solitude et du mystère.

Il y a dans nos races jacassières des individus qui accepteraient avec moins de répugnance le supplice suprême, s'il leur était permis de faire du haut de l'échafaud une copieuse harangue, sans craindre que les tambours de Santerre ne leur coupassent intempestivement la parole.

Je ne les plains pas, parce que je devine que leurs effusions oratoires leur procurent des voluptés égales à celles que d'autres tirent du silence et du recueillement ; mais je les méprise.

Je désire surtout que mon maudit gazetier me laisse m'amuser à ma guise. « Vous n'éprouvez donc jamais, — me dit-il, avec un ton de nez très-apostolique, — le besoin de partager vos jouissances ? » Voyez-vous le subtil envieux ! Il sait que je dédaigne les siennes, et il vient s'insinuer dans les miennes, le hideux trouble-fête !

« Ce grand malheur de ne pouvoir être seul !..... » dit quelque part La Bruyère, comme pour faire honte à tous ceux qui courent s'oublier dans la foule, craignant sans doute de ne pouvoir se supporter eux-mêmes.

23. Solitude

A philanthropic journalist tells me solitude is bad for us; to support his thesis, he cites the Church Fathers, like all non-believers.

I understand how the Devil loves arid places, and that the Spirit of murder and lust gloriously ignites where there is solitude. But perhaps solitude is a danger only for those idle, drifting souls who fill it with their own passions and enigmas.

A prattler who loves nothing more than to pontificate from a lectern or platform might go raving mad on Crusoe's island. I do not expect of my journalist any of Crusoe's fortitude, but I do ask that he should not inveigh against lovers of solitude and mystery.

In our verbose world, there are those who would be less aghast at their impending execution were they allowed to deliver themselves of a lengthy peroration without the fear Santerre's* drums would cut it short.

I do not pity them, as I can see their logorrhoea gives them the same gratification as others derive from silence and contemplation. Rather, I despise them.

Above all I wish my wretched journalist would leave me to my own devices. "So you never feel the need," he asks, nasal as the apostle, "to share your enjoyment?" The envy of that slimy man! He knows the contempt I have for his enjoyment, so the grotesque killjoy tries to creep into mine.

Somewhere La Bruyère has written: "What a great misfortune we cannot be alone", as though to shame all who plunge into crowds, no doubt dreading to be alone with themselves.

« Presque tous nos malheurs nous viennent de n'avoir pas su rester dans notre chambre, » dit un autre sage, Pascal, je crois, rappelant ainsi dans la cellule du recueillement tous ces affolés qui cherchent le bonheur dans le mouvement et dans une prostitution que je pourrais appeler *fraternitaire*, si je voulais parler la belle langue de mon siècle.

"Almost all our misery comes from our inability to remain in our room," says another sage, Pascal, I believe, calling back to the cell of contemplation all who dash about seeking happiness in movement and in a prostitution I might label *fraternitary,* if I chose to use the wonderful language of today.

1855, 1857, 1861, 1864

24. LES PROJETS

Il se disait, en se promenant dans un grand parc solitaire : « Comme elle serait belle dans un costume de cour, compliqué et fastueux, descendant, à travers l'atmosphère d'un beau soir, les degrés de marbre d'un palais, en face des grandes pelouses et des bassins ! Car elle a naturellement l'air d'une princesse. »

En passant plus tard dans une rue, il s'arrêta devant une boutique de gravures, et, trouvant dans un carton une estampe représentant un paysage tropical, il se dit : « Non ! ce n'est pas dans un palais que je voudrais posséder sa chère vie. Nous n'y serions pas *chez nous*. D'ailleurs ces murs criblés d'or ne laisseraient pas une place pour accrocher son image ; dans ces solennelles galeries, il n'y a pas un coin pour l'intimité. Décidément, c'est *là* qu'il faudrait demeurer pour cultiver le rêve de ma vie. »

Et, tout en analysant des yeux les détails de la gravure, il continuait mentalement : « Au bord de la mer, une belle case en bois, enveloppée de tous ces arbres bizarres et luisants dont j'ai oublié les noms….., dans l'atmosphère, une odeur enivrante, indéfinissable….., dans la case un puissant parfum de rose et de musc…., plus loin, derrière notre petit domaine, des bouts de mâts balancés par la houle….., autour de nous, au delà de la chambre éclairée d'une lumière rose tamisée par les stores, décorée de nattes fraîches et de fleurs capiteuses, avec de rares siéges d'un rococo Portugais, d'un bois lourd et ténébreux (où elle reposerait si calme, si bien éventée, fumant le tabac légèrement opiacé !), au delà de la varangue, le tapage des oiseaux ivres de lumières, et le jacassement des petites négresses….., et, la nuit, pour servir d'accompagnement à mes songes, le chant plaintif des arbres à musique, des mélancoliques filaos ! Oui, en vérité, c'est bien *là* le décor que je cherchais. Qu'ai-je à faire de palais ? "

Et plus loin, comme il suivait une grande avenue, il aperçut une auberge proprette, où d'une fenêtre égayée par des rideaux d'indienne bariolée se penchaient deux têtes rieuses. Et tout de suite : « Il faut, — se

24. Plans

As he walked through a large, deserted park, he mused: "How beautiful she'd be in her complicated, sumptuous gown as, in the atmosphere of a fine evening, she descended a palace's marble steps opposite great lawns and ornamental lakes! Because by nature she has the air of a princess."

Later, he stopped outside an engraver's and, finding a print of a tropical landscape, thought: "No, I don't want to confine her lovely life to a palace. It wouldn't be our *home*. And what's more, the inlaid gold on the walls wouldn't leave room for her portrait. In those solemn galleries there'd be no private corners. No question, *that* is where we should be, cultivating my life's dream."

And as he analysed the engraving, his thoughts developed: "On the seashore, a lovely wooden shack ringed by strange, glossy trees whose names I've forgotten... in the air an elusive, heady perfume... in the shack the strong scent of roses and musk... somewhere behind our small domain, masts riding the swell... around us, beyond the bedroom bathed in rosy light filtered through blinds, adorned with fresh mats and strong-scented flowers, strewn with Portuguese rococo seats of dark, heavy wood (on which she'd recline, at ease in the cool air, smoking tobacco mixed with a little opium), beyond the veranda the noise of birds drunk on light, and the chatter of small black girls... at night, accompaniment to my dream, the lament of music trees, of sad casuarinas. Yes, *that* is the décor I was seeking. What would I want with a palace?

And farther on, down a broad avenue, he noticed a charming hostelry; two laughing heads were at a window adorned with cheerful, patterned curtains. His instant thought was: "What

dit-il, — que ma pensée soit une grande vagabonde pour aller chercher si loin ce qui est si près de moi. Le plaisir et le bonheur sont dans la première auberge venue, dans l'auberge du hasard, si féconde en voluptés. Un grand feu, des faïences voyantes, un souper passable, un vin rude, et un lit très-large avec des draps un peu âpres, mais frais ; quoi de mieux ? »

Et en rentrant seul chez lui, à cette heure où les conseils de la Sagesse ne sont plus étouffés par les bourdonnements de la vie extérieure, il se dit : « J'ai eu aujourd'hui, en rêve, trois domiciles où j'ai trouvé un égal plaisir. Pourquoi contraindre mon corps à changer de place, puisque mon âme voyage si lestement ? Et à quoi bon exécuter des projets, puisque le projet est en lui-même une jouissance suffisante ? »

a vagabond soul I have, scouring the world for what is here beside me. Joy and happiness are there in the first inn encountered, the inn of chance, a pleasure ground. A roaring fire, bright crockery, a half-decent supper, rough wine, a huge bed, sheets coarse but clean. What could be better?"

And back indoors, alone, when Wise Counsels are no longer silenced by the turbulent world, he thought: "Today, I've dreamt up three homes affording equal pleasure. So why force my body to new places when my soul can travel so effortlessly? And why bother to see plans through, when the plan itself is pleasure enough?"

1857, 1861, 1864, 1864

25. LA BELLE DOROTHÉE

Le soleil accable la ville de sa lumière droite et terrible ; le sable est éblouissant et la mer miroite. Le monde stupéfié s'affaisse lâchement et fait la sieste, une sieste qui est une espèce de mort savoureuse où le dormeur, à demi éveillé, goûte les voluptés de son anéantissement.

Cependant Dorothée, forte et fière comme le soleil, s'avance dans la rue déserte, seule vivante à cette heure sous l'immense azur, et faisant sur la lumière une tache éclatante et noire.

Elle s'avance, balançant mollement son torse si mince sur ses hanches si larges. Sa robe de soie collante, d'un ton clair et rose, tranche vivement sur les ténèbres de sa peau et moule exactement sa taille longue, son dos creux et sa gorge pointue.

Son ombrelle rouge, tamisant la lumière, projette sur son visage sombre le fard sanglant de ses reflets.

Le poids de son énorme chevelure presque bleue tire en arrière sa tête délicate et lui donne un air triomphant et paresseux. De lourdes pendeloques gazouillent secrètement à ses mignonnes oreilles.

De temps en temps la brise de mer soulève par le coin sa jupe flottante et montre sa jambe luisante et superbe ; et son pied, pareil aux pieds des déesses de marbre que l'Europe enferme dans ses musées, imprime fidèlement sa forme sur le sable fin. Car Dorothée est si prodigieusement coquette, que le plaisir d'être admirée l'emporte chez elle sur l'orgueil de l'affranchie, et, bien qu'elle soit libre, elle marche sans souliers.

Elle s'avance ainsi, harmonieusement, heureuse de vivre et souriant d'un blanc sourire, comme si elle apercevait au loin dans l'espace un miroir reflétant sa démarche et sa beauté.

À l'heure où les chiens eux-mêmes gémissent de douleur sous le soleil qui les mord, quel puissant motif fait donc aller ainsi la paresseuse Dorothée, belle et froide comme le bronze ?

25. *The Beautiful Dorothea*

The sun crushes the town with direct, fearsome light; the sand gleams, the sea blinds. A numb world gives in feebly to siesta, a siesta flavoured with death in which the half-conscious sleeper knows the sensual thrill of annihilation.

Meanwhile, Dorothea, strong and proud as the sun, moves down the deserted street, the only living thing in the blue immensity at this hour, a striking patch of black against the light.

She advances, easy sway of slight torso atop wide hips. Her dress, a sheath of bright pink silk, makes a brilliant contrast with her skin of shadows, and hugs her long waist, the hollows of her back, her pointed breasts.

Light sifts through her red parasol, applying blood-red rouge to her dark face.

The mass of heavy hair, almost blue, tugs back her delicate head and gives her an indolent and triumphant air. Heavy pendants on her little ears make a secret music.

Now and then the breeze off the sea lifts a fold of her full skirt to reveal a superb, gleaming leg; her foot, the equal of the marble goddesses Europe keeps shackled in its museums, leaves its neat imprint on the fine sand. For Dorothea is so prodigiously a coquette that the pleasure of being admired outweighs the pride of the liberated slave, and, though emancipated, she still goes barefoot.

Thus she moves, harmoniously, happy to be who she is, smiling blandly, as if she were seeing a distant mirror reflecting her beauty and her walk.

At an hour when even dogs whimper in distress under the biting sun, what important business is languid Dorothea, beautiful and cold as bronze, attending to?

Pourquoi a-t-elle quitté sa petite case si coquettement arrangée, dont les fleurs et les nattes font à si peu de frais un parfait boudoir ; où elle prend tant de plaisir à se peigner, à fumer, à se faire éventer ou à se regarder dans le miroir de ses grands éventails de plumes, pendant que la mer, qui bat la plage à cent pas de là, fait à ses rêveries indécises un puissant et monotone accompagnement, et que la marmite de fer, où cuit un ragoût de crabes au riz et au safran, lui envoie, du fond de la cour, ses parfums excitants ?

Peut-être a-t-elle un rendez-vous avec quelque jeune officier qui, sur des plages lointaines, a entendu parler par ses camarades de la célèbre Dorothée. Infailliblement elle le priera, la simple créature, de lui décrire le bal de l'Opéra, et lui demandera si on peut y aller pieds nus, comme aux danses du dimanche, où les vieilles Cafrines elles-mêmes deviennent ivres et furieuses de joie ; et puis encore si les belles dames de Paris sont toutes plus belles qu'elle.

Dorothée est admirée et choyée de tous, et elle serait parfaitement heureuse si elle n'était obligée d'entasser piastre sur piastre pour racheter sa petite sœur qui a bien onze ans, et qui est déjà mûre, et si belle ! Elle réussira sans doute, la bonne Dorothée ; le maître de l'enfant est si avare, trop avare pour comprendre une autre beauté que celle des écus !

Why has she left her tidy shack, so coquettishly arranged, where flowers and matting have made a perfect, inexpensive boudoir, where she revels in combing her hair, smoking, letting the air cool her, contemplating her reflection in the sheen of feather fans, while the sea, pummelling the shore a hundred steps away, provides a strong, monotonous accompaniment to her wandering reverie, and the exciting aromas of a stew of crab, rice and saffron, cooking in an iron pot, reach her from a corner of the yard?

Has she perhaps a tryst with some young officer who, on another shore, has heard shipmates speak of the famous Dorothea? She, simple soul, is certain to ask him to describe the Opéra Ball, and whether you can attend it barefoot, as happens here at Sunday dances, when even old Kaffir women get drunk and go wild; and then she will ask if Parisian beauties are all more beautiful than she.

Everyone admires Dorothea and makes a fuss of her, and she would be completely happy were she not obliged to save all her piastres to buy the freedom of her eleven-year-old sister, nubile already and so beautiful! No doubt big-hearted Dorothea will save enough; the child's owner is too money-mad to understand the beauty of anything except hard cash.

1863

26. LES YEUX DES PAUVRES

Ah ! vous voulez savoir pourquoi je vous hais aujourd'hui. Il vous sera sans doute moins facile de le comprendre qu'à moi de vous l'expliquer ; car vous êtes, je crois, le plus bel exemple d'imperméabilité féminine qui se puisse rencontrer.

Nous avions passé ensemble une longue journée qui m'avait paru courte. Nous nous étions bien promis que toutes nos pensées nous seraient communes à l'un et à l'autre, et que nos deux âmes désormais n'en feraient plus qu'une ; — un rêve qui n'a rien d'original, après tout, si ce n'est que, rêvé par tous les hommes, il n'a été réalisé par aucun.

Le soir, un peu fatiguée, vous voulûtes vous asseoir devant un café neuf qui formait le coin d'un boulevard neuf, encore tout plein de gravois et montrant déjà glorieusement ses splendeurs inachevées. Le café étincelait. Le gaz lui-même y déployait toute l'ardeur d'un début, et éclairait de toutes ses forces les murs aveuglants de blancheur, les nappes éblouissantes des miroirs, les ors des baguettes et des corniches, les pages aux joues rebondies traînés par les chiens en laisse, les dames riant au faucon perché sur leur poing, les nymphes et les déesses portant sur leur tête des fruits, des pâtés et du gibier, les Hébés et les Ganymèdes présentant à bras tendu la petite amphore à bavaroises ou l'obélisque bicolore des glaces panachées ; toute l'histoire et toute la mythologie mises au service de la goinfrerie.

Droit devant nous, sur la chaussée, était planté un brave homme d'une quarantaine d'années, au visage fatigué, à la barbe grisonnante, tenant d'une main un petit garçon et portant sur l'autre bras un petit être trop faible pour marcher. Il remplissait l'office de bonne et faisait prendre à ses enfants l'air du soir. Tous en guenilles. Ces trois visages étaient extraordinairement sérieux, et ces six yeux contemplaient fixement le café nouveau avec une admiration égale, mais nuancée diversement par l'âge.

26. The Eyes of the Poor

So you want to know why today I hate you. I expect you will find it less easy to understand than I to explain, for I think of you as the worst example of female obtuseness imaginable.

We had spent a long day together, a day that to me had seemed short. We had vowed to share our every thought; henceforth our two souls would be as one – nothing original in that, obviously, though it is a dream all men have and not one realizes.

By evening, a little fatigued, you wanted to try a new establishment at the corner of a new boulevard still piled high with rubble, but already displaying its unfinished splendour. The café glittered. The gas lamps lit it like a theatre premiere, they blazed from walls of brilliant white, dazzling mirror pools, gold mouldings and cornices, chubby-cheeked pageboys pulled along by dogs on leads, ladies laughing at the falcon perched on their wrists, nymphs and goddesses carrying fruit and fowl and pâtés on their heads, Hebe and Ganymede* offering with outstretched arms a Coupe Bavaroise or that many-coloured edifice, a Neapolitan ice cream; all of history and mythology in the service of gluttony.

Before us, in the middle of the road, stood a chap aged about forty, weary face, salt-and-pepper beard, holding by the hand a little lad, and carrying in his free arm a diminutive creature too weak to walk. Our chap was being his children's nanny, out getting some evening air. All of them in rags. Those three faces were extraordinarily grave; six eyes fixed the new café with an equal wonder nuanced by their different ages.

Les yeux du père disaient : « Que c'est beau ! que c'est beau ! on dirait que tout l'or du pauvre monde est venu se porter sur ces murs. » — Les yeux du petit garçon : « Que c'est beau ! que c'est beau ! mais c'est une maison où peuvent seuls entrer les gens qui ne sont pas comme nous. » — Quant aux yeux du plus petit, ils étaient trop fascinés pour exprimer autre chose qu'une joie stupide et profonde.

Les chansonniers disent que le plaisir rend l'âme bonne et amollit le cœur. La chanson avait raison ce soir-là, relativement à moi. Non-seulement j'étais attendri par cette famille d'yeux, mais je me sentais un peu honteux de nos verres et de nos carafes, plus grands que notre soif. Je tournais mes regards vers les vôtres, cher amour, pour y lire *ma* pensée ; je plongeais dans vos yeux si beaux et si bizarrement doux, dans vos yeux verts, habités par le Caprice et inspirés par la Lune, quand vous me dites : « Ces gens-là me sont insupportables avec leurs yeux ouverts comme des portes cochères ! Ne pourriez-vous pas prier le maître du café de les éloigner d'ici ? »

Tant il est difficile de s'entendre, mon cher ange, et tant la pensée est incommunicable, même entre gens qui s'aiment !

The father's eyes were saying: "Beautiful, beautiful! As though all the gold in our poor world had been applied to these walls." The boy's eyes said: "Beautiful, beautiful! But only people not like us are allowed in." As for the eyes of the littlest one, they were too spellbound to express anything more than deep, inarticulate joy.

Songwriters say pleasure mends the soul and softens the heart. That night, in my case, the song was right. Not only was I moved by that family of eyes, but I felt shame at our glasses and carafes, bigger than our thirst. As I turned my gaze to yours, my love, to read *my own* thoughts; as I immersed myself in your eyes – beautiful and mysteriously soft, those green eyes where lives Caprice, eyes inspired by the Moon – you said to me: "I cannot bear those people with their eyes out on stalks! Tell the waiter to get rid of them."

That, my angel, is how impossible real understanding is, how incommunicable is thought, even between those who love one another!

1864

27. UNE MORT HÉROÏQUE

Fancioulle était un admirable bouffon, et presque un des amis du Prince. Mais pour les personnes vouées par état au comique, les choses sérieuses ont de fatales attractions, et, bien qu'il puisse paraître bizarre que les idées de patrie et de liberté s'emparent despotiquement du cerveau d'un histrion, un jour Fancioulle entra dans une conspiration formée par quelques gentilshommes mécontents.

Il existe partout des hommes de bien pour dénoncer au pouvoir ces individus d'humeur atrabilaire qui veulent déposer les princes et opérer, sans la consulter, le déménagement d'une société. Les seigneurs en question furent arrêtés, ainsi que Fancioulle, et voués à une mort certaine.

Je croirais volontiers que le Prince fut presque fâché de trouver son comédien favori parmi les rebelles. Le Prince n'était ni meilleur ni pire qu'un autre ; mais une excessive sensibilité le rendait, en beaucoup de cas, plus cruel et plus despote que tous ses pareils. Amoureux passionné des beaux-arts, excellent connaisseur d'ailleurs, il était vraiment insatiable de voluptés. Assez indifférent relativement aux hommes et à la morale, véritable artiste lui-même, il ne connaissait d'ennemi dangereux que l'Ennui, et les efforts bizarres qu'il faisait pour fuir ou pour vaincre ce tyran du monde lui auraient certainement attiré, de la part d'un historien sévère, l'épithète de « monstre », s'il avait été permis, dans ses domaines, d'écrire quoi que ce fût qui ne tendît pas uniquement au plaisir ou à l'étonnement, qui est une des formes les plus délicates du plaisir. Le grand malheur de ce Prince fut qu'il n'eut jamais un théâtre assez vaste pour son génie. Il y a de jeunes Nérons qui étouffent dans des limites trop étroites, et dont les siècles à venir ignoreront toujours le nom et la bonne volonté. L'imprévoyante Providence avait donné à celui-ci des facultés plus grandes que ses États.

Tout d'un coup le bruit courut que le souverain voulait faire grâce à tous les conjurés ; et l'origine de ce bruit fut l'annonce d'un grand

27. A Heroic Death

Fanciullo was a wonderful circus clown and virtually one of the Prince's circle of friends. But people whose world is comedy find themselves driven by serious things, and though it might seem strange that notions of liberty and motherland can inhabit a jester's brain, one day Fanciullo embarked on a conspiracy made up of high-ranking, disaffected men.

There exist everywhere solid citizens ready to denounce those dyspeptic individuals who seek to depose their rulers and, without a by-your-leave, entirely dismantle society. The gentlemen in question were arrested, as was Fanciullo, and seemed certain to die.

I can easily believe the Prince in fact was dismayed at finding his favourite fool among the rebels. The Prince was no better or worse than other people; but over-sensitivity in many situations made him more cruel, more despotic than his peers. A passionate art lover, a true expert, he was a devotee of the senses. More or less indifferent to mankind and morality, a veritable artist himself, his one serious enemy was Ennui. The astonishing efforts he made to avoid or conquer that ubiquitous tyrant would certainly have prompted a plain-speaking historian to label him "monster", if it had been permitted in his territories to write anything other than words suggestive of pleasure or of amazement, one of the most delicate forms of pleasure. That Prince's great misfortune was never to have had a theatre vast enough for his genius. There are young Neros stifled by narrow constraints and whose name and good intentions future centuries never hear about. Unthinking Providence had given the Prince faculties greater than his State.

Then, suddenly, a rumour spread that the Sovereign wished to pardon the conspirators; the rumour was started by the

spectacle où Fancioulle devait jouer l'un de ses principaux et de ses meilleurs rôles, et auquel assisteraient même, disait-on, les gentilshommes condamnés ; signe évident, ajoutaient les esprits superficiels, des tendances généreuses du Prince offensé.

De la part d'un homme aussi naturellement et volontairement excentrique, tout était possible, même la vertu, même la clémence, surtout s'il avait pu espérer y trouver des plaisirs inattendus. Mais pour ceux qui, comme moi, avaient pu pénétrer plus avant dans les profondeurs de cette âme curieuse et malade, il était infiniment plus probable que le Prince voulait juger de la valeur des talents scéniques d'un homme condamné à mort. Il voulait profiter de l'occasion pour faire une expérience physiologique d'un intérêt *capital*, et vérifier jusqu'à quel point les facultés habituelles d'un artiste pouvaient être altérées ou modifiées par la situation extraordinaire où il se trouvait ; au-delà, existait-il dans son âme une intention plus ou moins arrêtée de clémence ? C'est un point qui n'a jamais pu être éclairci.

Enfin, le grand jour arrivé, cette petite cour déploya toutes ses pompes, et il serait difficile de concevoir, à moins de l'avoir vu, tout ce que la classe privilégiée d'un petit État, à ressources restreintes, peut montrer de splendeurs pour une vraie solennité. Celle-là était doublement vraie, d'abord par la magie du luxe étalé, ensuite par l'intérêt moral et mystérieux qui y était attaché.

Le sieur Fancioulle excellait surtout dans les rôles muets ou peu chargés de paroles, qui sont souvent les principaux dans ces drames féeriques dont l'objet est de représenter symboliquement le mystère de la vie. Il entra en scène légèrement et avec une aisance parfaite, ce qui contribua à fortifier, dans le noble public, l'idée de douceur et de pardon.

Quand on dit d'un comédien : « Voilà un bon comédien », on se sert d'une formule qui implique que sous le personnage se laisse encore deviner le comédien, c'est-à-dire l'art, l'effort, la volonté. Or, si un comédien arrivait à être, relativement au personnage qu'il est chargé d'exprimer, ce que les meilleures statues de l'antiquité, miraculeusement animées, vivantes, marchantes, voyantes, seraient relativement à l'idée générale et confuse de beauté, ce serait là, sans doute, un cas singulier et tout à fait imprévu. Fancioulle fut, ce soir-là, une parfaite idéalisation, qu'il était

announcement of a spectacular event in which Fanciullo would perform one of his best and most celebrated roles, and the word was that the condemned men would be part of the audience; clear evidence, shallow thinking had it, of the offended Prince's generosity of spirit.

From a man both naturally and deliberately eccentric, anything was possible, even virtue and clemency, especially if he hoped unexpected pleasures would result. But for those who, like me, had been able to go deeper into that strange, sick soul, it was infinitely more likely the Prince wished to gauge the acting ability of a man condemned to death. He wanted to use this opportunity to conduct a physiological experiment of *capital* interest, and ascertain to what extent an artist's faculties could be altered, modified by the extremity of his situation; beyond that, was his spirit already inclining to mercy? A question that has never been answered.

At last the great day arrived; the little principality put on a lavish display, and it is hard to believe, if one is not there to see, just how much ceremonial the elite of a small, poorly endowed state can devise for a solemn occasion. Doubly so that day, thanks firstly to the enchantment of the luxurious display, secondly to the moral and mysterious interest evoked.

The excellent Fanciullo shone above all in mime or near-mute roles, often the leads in those fantasies whose aim is to represent in symbolic form the mystery of life. He skipped lightly onto the stage, perfectly at ease, strengthening in the minds of the august spectators the expectation of magnanimity and forgiveness.

Whenever one says: "What a fine actor", the set phrase implies that beneath the role the actor can still be discerned; his effort, will, artistry. So if an actor were, in relation to the character he is portraying, what the greatest statues of Antiquity – miraculously animated, active, mobile, seeing – were to the general and cloudy idea of beauty, it most certainly would be remarkable and quite unexpected. That evening, Fanciullo was the perfect

impossible de ne pas supposer vivante, possible, réelle. Ce bouffon allait, venait, riait, pleurait, se convulsait, avec une indestructible auréole autour de la tête, auréole invisible pour tous, mais visible pour moi, et où se mêlaient, dans un étrange amalgame, les rayons de l'Art et la gloire du Martyre. Fancioulle introduisait, par je ne sais quelle grâce spéciale, le divin et le surnaturel, jusque dans les plus extravagantes bouffonneries. Ma plume tremble, et des larmes d'une émotion toujours présente me montent aux yeux pendant que je cherche à vous décrire cette inoubliable soirée. Fancioulle me prouvait, d'une manière péremptoire, irréfutable, que l'ivresse de l'Art est plus apte que toute autre à voiler les terreurs du gouffre ; que le génie peut jouer la comédie au bord de la tombe avec une joie qui l'empêche de voir la tombe, perdu, comme il est, dans un paradis excluant toute idée de tombe et de destruction.

Tout ce public, si blasé et frivole qu'il pût être, subit bientôt la toute-puissante domination de l'artiste. Personne ne rêva plus de mort, de deuil, ni de supplices. Chacun s'abandonna, sans inquiétude, aux voluptés multipliées que donne la vue d'un chef-d'œuvre d'art vivant. Les explosions de la joie et de l'admiration ébranlèrent à plusieurs reprises les voûtes de l'édifice avec l'énergie d'un tonnerre continu. Le Prince lui-même, enivré, mêla ses applaudissements à ceux de sa cour.

Cependant, pour un œil clairvoyant, son ivresse, à lui, n'était pas sans mélange. Se sentait-il vaincu dans son pouvoir de despote ? humilié dans son art de terrifier les cœurs et d'engourdir les esprits ? frustré de ses espérances et bafoué dans ses prévisions ? De telles suppositions non exactement justifiées, mais non absolument injustifiables, traversèrent mon esprit pendant que je contemplais le visage du Prince, sur lequel une pâleur nouvelle s'ajoutait sans cesse à sa pâleur habituelle, comme la neige s'ajoute à la neige. Ses lèvres se resserraient de plus en plus, et ses yeux s'éclairaient d'un feu intérieur semblable à celui de la jalousie et de la rancune, même pendant qu'il applaudissait ostensiblement les talents de son vieil ami, l'étrange bouffon, qui bouffonnait si bien la mort. À un certain moment, je vis Son Altesse se pencher vers un petit page, placé derrière elle, et lui parler à l'oreille. La physionomie espiègle du joli enfant s'illumina d'un sourire ; et puis il quitta vivement la loge princière comme pour s'acquitter d'une commission urgente.

idealization of something that appeared absolutely alive, possible, real. The clown came and went, laughed, wept, turned, twisted, an indestructible aura round his head, seen by no one though very much by me, and in which a strange amalgam was formed – the light of Art and the glory of Martyrdom. By an indefinable special grace, Fanciullo insinuated the divine and supernatural into even his coarsest slapstick. My pen shakes as I write, and tears of ready emotion now fill my eyes as I try to evoke for you that unforgettable evening. Fanciullo proved to me in a blunt, irrefutable way that the intoxication of Art dulls the terror of the void better than anything else; that genius can do comedy alongside the grave with a joy that stops it gawping into the hole, transported instead to a paradise that excludes tombs and obliteration.

The audience, blasé and frivolous as it was, soon fell under the sway of the performer. Minds ceased to dwell on death, anguish, agony. All succumbed to wave upon wave of the abundant pleasure a living artistic masterpiece creates. Bursts of joy and admiration shook the rafters again and again, rolling like thunder. The Prince himself, transported, joined in his courtiers' applause.

However, a keen eye would have seen that the Prince's intoxication was not straightforward. Was he feeling his despotic power had drained away? Was it humbling that he could no longer terrify hearts or crush spirits, his hopes and plans in ruins? Thoughts of this kind, neither wholly justified nor ridiculous, went through my head as I watched the Prince's face, on which a new pallor enhanced the usual lack of colour, like snow on snow. His mouth tightened more and more, his eyes were lit with an inner fire, as though by jealousy or spite, even as he made a show of applauding the talents of his old friend the strange clown, laughing so cleverly at death. At one point I saw His Highness lean towards a pageboy behind him and say something in his ear. A big smile spread across the pretty boy's sly face; quickly he left the royal box on an urgent errand.

Quelques minutes plus tard un coup de sifflet aigu, prolongé, inter-rompit Fancioulle dans un de ses meilleurs moments, et déchira à la fois les oreilles et les cœurs. Et de l'endroit de la salle d'où avait jailli cette désapprobation inattendue, un enfant se précipitait dans un corridor avec des rires étouffés.

Fancioulle, secoué, réveillé dans son rêve, ferma d'abord les yeux, puis les rouvrit presque aussitôt, démesurément agrandis, ouvrit ensuite la bouche comme pour respirer convulsivement, chancela un peu en avant, un peu en arrière, et puis tomba roide mort sur les planches.

Le sifflet, rapide comme un glaive, avait-il réellement frustré le bour-reau ? Le Prince avait-il lui-même deviné toute l'homicide efficacité de sa ruse ? Il est permis d'en douter. Regretta-t-il son cher et inimitable Fancioulle ? Il est doux et légitime de le croire.

Les gentilshommes coupables avaient joui pour la dernière fois du spectacle de la comédie. Dans la même nuit ils furent effacés de la vie.

Depuis lors, plusieurs mimes, justement appréciés dans différents pays, sont venus jouer devant la cour de *** ; mais aucun d'eux n'a pu rappeler les merveilleux talents de Fancioulle, ni s'élever jusqu'à la même *faveur*.

Some minutes later, shrill and prolonged whistling interrupted Fanciullo in one of his flights, bursting eardrums and hearts alike. And in the section of the auditorium where the unexpected interruption had occurred, a boy retreated to the corridor, stifling his laughter.

Fanciullo, shaken out of his dream, at first closed his eyes, but immediately opened them again, twice as large. Then he opened his mouth as if to gulp air convulsively, he lurched a step forward, a step back, and dropped on the stage, stone dead.

Had that whistling, swift as a blade, beaten the hangman to it? Did the Prince himself somehow know how fatally effective his trick would be? Quite possibly. Did he regret the loss of his dear, irreplaceable Fanciullo? A fond hope, not unreasonable.

The noble conspirators had attended their last show. Their stay on earth was terminated that same night.

Since then, several mime artists deservedly celebrated in many lands have performed at the Prince's court, but none has come close to the marvellous Fanciullo, nor attained the same *favour*.

1863, 1864

28. LA FAUSSE MONNAIE

Comme nous nous éloignions du bureau de tabac, mon ami fit un soigneux triage de sa monnaie ; dans la poche gauche de son gilet il glissa de petites pièces d'or ; dans la droite, de petites pièces d'argent ; dans la poche gauche de sa culotte, une masse de gros sols, et enfin, dans la droite, une pièce d'argent de deux francs qu'il avait particulièrement examinée.

« Singulière et minutieuse répartition ! » me dis-je en moi-même.

Nous fîmes la rencontre d'un pauvre qui nous tendit sa casquette en tremblant. — Je ne connais rien de plus inquiétant que l'éloquence muette de ces yeux suppliants, qui contiennent à la fois, pour l'homme sensible qui sait y lire, tant d'humilité, tant de reproches. Il y trouve quelque chose approchant cette profondeur de sentiment compliqué, dans les yeux larmoyants des chiens qu'on fouette.

L'offrande de mon ami fut beaucoup plus considérable que la mienne, et je lui dis : « Vous avez raison ; après le plaisir d'être étonné, il n'en est pas de plus grand que celui de causer une surprise. — C'était la pièce fausse », me répondit-il tranquillement, comme pour se justifier de sa prodigalité.

Mais dans mon misérable cerveau, toujours occupé à chercher midi à quatorze heures (de quelle fatigante faculté la nature m'a fait cadeau !), entra soudainement cette idée qu'une pareille conduite, de la part de mon ami, n'était excusable que par le désir de créer un événement dans la vie de ce pauvre diable, peut-être même de connaître les conséquences diverses, funestes ou autres, que peut engendrer une pièce fausse dans la main d'un mendiant. Ne pouvait-elle pas se multiplier en pièces vraies ? ne pouvait-elle pas aussi le conduire en prison ? Un cabaretier, un boulanger, par exemple, allait peut-être le faire arrêter comme faux-monnayeur ou comme propagateur de fausse monnaie. Tout aussi bien la pièce fausse serait peut-être, pour un pauvre petit spéculateur, le germe d'une richesse de quelques jours. Et ainsi ma fantaisie allait son train, prêtant des ailes à l'esprit de mon ami et tirant toutes les déductions possibles de toutes les hypothèses possibles.

28. *Counterfeit Coin*

As we walked away from the tobacconist's, my friend carefully checked his loose change; he slipped into his left breast pocket some small gold coins; into the right, silver; into his left trouser pocket, a stack of coppers; and finally, into his right, a two-franc silver coin to which he had paid special attention.

"Strange, meticulous accountancy!" I thought to myself.

We ran into a down-and-out, who trembled as he held out his cap. I can think of nothing more disconcerting than the mute eloquence of those pleading eyes, in which the perceptive person can see so much humility and reproach. That person recognizes something akin to the deep and complex emotions in the moist eyes of a whipped dog.

My friend gave much more generously than I, and I said to him: "You're right, second only to the pleasure of being surprised is that of causing surprise."

"The coin was a dud," he replied calmly, as if to justify his lavish gesture.

But my stupid head, which never takes yes for an answer (what a tiresome faculty to be saddled with!), decided suddenly the truth was that my friend's conduct could be explained only as the desire to create an event in that wretch's life, or perhaps to see the consequences, nasty or otherwise, of a dud coin in a beggar's hand. Would it spawn quantities of genuine currency? Or land him in jail? Might some bar-keeper or baker have him arrested for passing counterfeit coin? Equally, the hollow disc might become the first step in a small-time speculator's rise to a three-day fortune. And so my imagination careered on, lending wings to what had been in my friend's mind, drawing every possible conclusion from every conceivable hypothesis.

Mais celui-ci rompit brusquement ma rêverie en reprenant mes propres paroles : « Oui, vous avez raison ; il n'est pas de plaisir plus doux que de surprendre un homme en lui donnant plus qu'il n'espère. »

Je le regardai dans le blanc des yeux, et je fus épouvanté de voir que ses yeux brillaient d'une incontestable candeur. Je vis alors clairement qu'il avait voulu faire à la fois la charité et une bonne affaire ; gagner quarante sols et le cœur de Dieu ; emporter le paradis économiquement ; enfin attraper gratis un brevet d'homme charitable. Je lui aurais presque pardonné le désir de la criminelle jouissance dont je le supposais tout à l'heure capable ; j'aurais trouvé curieux, singulier, qu'il s'amusât à compromettre les pauvres ; mais je ne lui pardonnerai jamais l'ineptie de son calcul. On n'est jamais excusable d'être méchant, mais il y a quelque mérite à savoir qu'on l'est ; et le plus irréparable des vices est de faire le mal par bêtise.

But my friend broke into my musing, picking up my words: "You're right of course, there's no pleasure sweeter than to surprise someone by giving him more than he hoped for."

I looked at him directly, and was shocked to see his eyes were burning with unquestionable candour. Then I understood he had wanted both to do a good deed and get a bargain; save forty sous and win God's love, paradise for free; become known as a benefactor at no cost to himself. I could almost have forgiven him the desire for that criminal pleasure of which I had judged him capable a few moments earlier; I might simply have found it curious, odd, that it amused him to compromise the poor; but what I will never forgive is the crassness of his logic. Wickedness can never be excused, but there is merit in knowing we are wicked; the one vice beyond redemption is to do bad things out of stupidity.

1864, 1864, 1866

29. LE JOUEUR GÉNÉREUX

Hier, à travers la foule du boulevard, je me sentis frôlé par un Être mystérieux que j'avais toujours désiré connaître, et que je reconnus tout de suite, quoique je ne l'eusse jamais vu. Il y avait sans doute chez lui, relativement à moi, un désir analogue, car il me fit, en passant, un clignement d'œil significatif auquel je me hâtai d'obéir. Je le suivis attentivement, et bientôt je descendis derrière lui dans une demeure souterraine, éblouissante, où éclatait un luxe dont aucune des habitations supérieures de Paris ne pourrait fournir un exemple approchant. Il me parut singulier que j'eusse pu passer si souvent à côté de ce prestigieux repaire sans en deviner l'entrée. Là régnait une atmosphère exquise, quoique capiteuse, qui faisait oublier presque instantanément toutes les fastidieuses horreurs de la vie ; on y respirait une béatitude sombre, analogue à celle que durent éprouver les mangeurs de lotus quand, débarquant dans une île enchantée, éclairée des lueurs d'une éternelle après-midi, ils sentirent naître en eux, aux sons assoupissants des mélodieuses cascades, le désir de ne jamais revoir leurs pénates, leurs femmes, leurs enfants, et de ne jamais remonter sur les hautes lames de la mer.

Il y avait là des visages étranges d'hommes et de femmes, marqués d'une beauté fatale, qu'il me semblait avoir vus déjà à des époques et dans des pays dont il m'était impossible de me souvenir exactement, et qui m'inspiraient plutôt une sympathie fraternelle que cette crainte qui naît ordinairement à l'aspect de l'inconnu. Si je voulais essayer de définir d'une manière quelconque l'expression singulière de leurs regards, je dirais que jamais je ne vis d'yeux brillant plus énergiquement de l'horreur de l'ennui et du désir immortel de se sentir vivre.

Mon hôte et moi, nous étions déjà, en nous asseyant, de vieux et parfaits amis. Nous mangeâmes, nous bûmes outre mesure de toutes sortes de vins extraordinaires, et, chose non moins extraordinaire, il me semblait, après plusieurs heures, que je n'étais pas plus ivre que lui.

29. *The Generous Gambler*

Yesterday, in a crowded boulevard, I felt the touch of a mysterious Being whom I had always wanted to know, and whom I recognized instantly despite never having seen him. A mutual desire no doubt, since he winked at me as he brushed past, a meaningful wink I responded to on the spot. I attended him closely, and soon was following him into an underground chamber, dazzlingly lit, resplendent with a luxury no Paris mansion can match. I found it strange I had so often passed this superior hideaway without spotting its entrance. Inside, the atmosphere was exquisite, heady; the day's tiresome niggles evaporated almost instantaneously; here one breathed a dark beatitude, as must have the lotus-eaters setting foot on an enchanted island bathed in the light of eternal afternoon, and in whom, lulled by the music of waterfalls, there arose the desire never to return home, nor again see wives and children, nor once more set sail on mountainous oceans.

Here were strange faces of men and women, marked by a fatal beauty, and which I thought I had already seen in dimly remembered times and places, and which provoked in me more a sense of fraternal sympathy than the fear normally experienced on encountering the unknown. Should I want somehow to attempt a definition of their singular expressions, I would say that never did I see eyes so glistening with the horror of ennui and the unconquerable longing to feel alive.

By the time my host and I sat down, we were old and perfect friends. We ate, we drank an inordinate quantity of remarkable wines and, no less remarkably, after some hours I sensed I was no more drunk than he. Meanwhile, bouts of that superhuman pleasure, gambling, had punctuated our libations, and I confess

Cependant le jeu, ce plaisir surhumain, avait coupé à divers intervalles nos fréquentes libations, et je dois dire que j'avais joué et perdu mon âme, en partie liée, avec une insouciance et une légèreté héroïques. L'âme est une chose si impalpable, si souvent inutile et quelquefois si gênante, que je n'éprouvai, quant à cette perte, qu'un peu moins d'émotion que si j'avais égaré, dans une promenade, ma carte de visite.

Nous fumâmes longuement quelques cigares dont la saveur et le parfum incomparables donnaient à l'âme la nostalgie de pays et de bonheurs inconnus, et, enivré de toutes ces délices, j'osai, dans un accès de familiarité qui ne parut pas lui déplaire, m'écrier, en m'emparant d'une coupe pleine jusqu'au bord : « À votre immortelle santé, vieux Bouc ! »

Nous causâmes aussi de l'univers, de sa création et de sa future destruction ; de la grande idée du siècle, c'est-à-dire du progrès et de la perfectibilité, et, en général, de toutes les formes de l'infatuation humaine. Sur ce sujet-là, Son Altesse ne tarissait pas en plaisanteries légères et irréfutables, et elle s'exprimait avec une suavité de diction et une tranquillité dans la drôlerie que je n'ai trouvées dans aucun des plus célèbres causeurs de l'humanité. Elle m'expliqua l'absurdité des différentes philosophies qui avaient jusqu'à présent pris possession du cerveau humain, et daigna même me faire confidence de quelques principes fondamentaux dont il ne me convient pas de partager les bénéfices et la propriété avec qui que ce soit. Elle ne se plaignit en aucune façon de la mauvaise réputation dont elle jouit dans toutes les parties du monde, m'assura qu'elle était, elle-même, la personne la plus intéressée à la destruction de la *superstition*, et m'avoua qu'elle n'avait eu peur, relativement à son propre pouvoir, qu'une seule fois, c'était le jour où elle avait entendu un prédicateur, plus subtil que ses confrères, s'écrier en chaire : « Mes chers frères, n'oubliez jamais, quand vous entendrez vanter le progrès des lumières, que la plus belle des ruses du diable est de vous persuader qu'il n'existe pas ! »

Le souvenir de ce célèbre orateur nous conduisit naturellement vers le sujet des académies, et mon étrange convive m'affirma qu'il ne dédaignait pas, en beaucoup de cas, d'inspirer la plume, la parole et la conscience des pédagogues, et qu'il assistait presque toujours en personne, quoique invisible, à toutes les séances académiques.

I staked my soul in a best-of-three, and lost with heroic and breezy unconcern. The soul is such an intangible thing, often of no benefit, occasionally a major encumbrance, that the loss of it stirred in me less emotion than if, out walking, I had mislaid a calling card.

We drew on leisurely cigars. On their incomparable flavour and aroma rode nostalgia for unknown lands, unknown happiness. Drunk on so much deliciousness, and in a rush of familiarity my host seemed not to mind, I seized a brimming glass and cried out: "Old goat, I drink to your eternal health!"

We nattered about the universe, its origins, its inevitable destruction; about our century's big idea, namely, progress, perfectibility, and about human self-satisfaction. On that subject, His Highness was a fund of uncappable quips, and he expressed himself with an elegance of diction and an assured comic touch, the like of which I have never known in any master of the verbal arts. His Highness revealed the absurdities of the various philosophies which up until now had filled the human brain, and graciously even imparted some basic principles whose authorship and benefits I am not minded to share with anyone. In no manner did His Highness bemoan his worldwide bad name, but rather assured me he was himself keener than anyone to abolish *superstition*; he went on to confide that only once had he been apprehensive about his own powers, the day he heard a preacher of a more subtle stamp than his fellows declaim from the pulpit: "My brothers, never forget, when you hear the praises sung of enlightened thought, the Devil's most skilful trick is to convince you he doesn't exist!"

The recollection of that celebrated orator steered our conversation naturally to the subject of academies, and my strange companion said he was not averse to inspiring the pens, tongues and consciences of pedagogues, and that he was present, though invisible, at nearly all academic events.

Encouragé par tant de bontés, je lui demandai des nouvelles de Dieu, et s'il l'avait vu récemment. Il me répondit, avec une insouciance nuancée d'une certaine tristesse : « Nous nous saluons quand nous nous rencontrons, mais comme deux vieux gentilshommes, en qui une politesse innée ne saurait éteindre tout à fait le souvenir d'anciennes rancunes. »

Il est douteux que Son Altesse ait jamais donné une si longue audience à un simple mortel, et je craignais d'abuser. Enfin, comme l'aube frissonnante blanchissait les vitres, ce célèbre personnage, chanté par tant de poëtes et servi par tant de philosophes qui travaillent à sa gloire sans le savoir, me dit : « Je veux que vous gardiez de moi un bon souvenir, et vous prouver que Moi, dont on dit tant de mal, je suis quelquefois *bon diable,* pour me servir d'une de vos locutions vulgaires. Afin de compenser la perte irrémédiable que vous avez faite de votre âme, je vous donne l'enjeu que vous auriez gagné si le sort avait été pour vous, c'est-à-dire la possibilité de soulager et de vaincre, pendant toute votre vie, cette bizarre affection de l'Ennui, qui est la source de toutes vos maladies et de tous vos misérables progrès. Jamais un désir ne sera formé par vous, que je ne vous aide à le réaliser ; vous régnerez sur vos vulgaires semblables ; vous serez fourni de flatteries et même d'adorations ; l'argent, l'or, les diamants, les palais féeriques, viendront vous chercher et vous prieront de les accepter, sans que vous ayez fait un effort pour les gagner ; vous changerez de patrie et de contrée aussi souvent que votre fantaisie vous l'ordonnera ; vous vous soûlerez de voluptés, sans lassitude, dans des pays charmants où il fait toujours chaud et où les femmes sentent aussi bon que les fleurs, — et cætera, et cætera… », ajouta-t-il en se levant et en me congédiant avec un bon sourire.

Si ce n'eût été la crainte de m'humilier devant une aussi grande assemblée, je serais volontiers tombé aux pieds de ce joueur généreux, pour le remercier de son inouïe munificence. Mais peu à peu, après que je l'eus quitté, l'incurable défiance rentra dans mon sein ; je n'osais plus croire à un si prodigieux bonheur, et, en me couchant, faisant encore ma prière par un reste d'habitude imbécile, je répétais dans un demi-sommeil : « Mon Dieu ! Seigneur, mon Dieu ! faites que le diable me tienne sa parole ! »

Spurred by all his kindnesses, I asked him for news of God; had he seen Him recently? His nonchalant reply was tinged with sadness: "We say hello when our paths cross, but we are like two old gentlemen whose natural courtesy can't quite settle long-standing grudges."

I doubt His Highness ever granted such a lengthy audience to a mere mortal, and I was concerned not to overstep the mark. In the end, as trembling dawn whitened the windows, that renowned personage, fêted by so many poets and served by so many philosophers who do not realize they are working for his glory, said to me: "I'd like you to retain happy memories of me, and prove that I, object of so much vilification, can sometimes be *not a bad devil*, to use one of your vulgar expressions. To compensate for the irreparable loss of your soul, I'm giving you the stake you would have won had fate been on your side, that is, the capacity to relieve and conquer for all time your bizarre condition of Ennui, the source of all your maladies and wretched ideas of progress. You'll form no desire I won't help you to realize; you'll reign over your lowly fellow human beings; you'll enjoy flattery and even adoration; money, gold, diamonds, dream palaces will seek you out, begging you to accept them, without your having to lift a finger; you'll move from country to country as the fancy takes you; gorge yourself on sensual pleasures and not be tired, in ever-balmy, magical lands where the women are as fragrant as flowers – etc. etc." he added as he rose and took his leave, smiling warmly in my direction.

Had it not been for fear of humiliation in the presence of such a large body of people, I would have prostrated myself happily before this generous gambler, to thank him for his unprecedented generosity. Yet bit by bit, once I had taken my leave, incurable mistrust seeped back into my breast; I dared no longer trust such prodigious happiness and, on retiring to bed and saying my prayers out of what remained of a bad habit, I kept repeating in a sort of trance: "Dear Lord, dear Lord, make sure the Devil keeps his word!"

30. LA CORDE

À ÉDOUARD MANET

« Les illusions, — me disait mon ami, — sont aussi innombrables peut-être que les rapports des hommes entre eux, ou des hommes avec les choses. Et quand l'illusion disparaît, c'est-à-dire quand nous voyons l'être ou le fait tel qu'il existe en dehors de nous, nous éprouvons un bizarre sentiment, compliqué moitié de regret pour le fantôme disparu, moitié de surprise agréable devant la nouveauté, devant le fait réel. S'il existe un phénomène évident, trivial, toujours semblable, et d'une nature à laquelle il soit impossible de se tromper, c'est l'amour maternel. Il est aussi difficile de supposer une mère sans amour maternel qu'une lumière sans chaleur ; n'est-il donc pas parfaitement légitime d'attribuer à l'amour maternel toutes les actions et les paroles d'une mère, relatives à son enfant ? Et cependant écoutez cette petite histoire, où j'ai été singulièrement mystifié par l'illusion la plus naturelle.

« Ma profession de peintre me pousse à regarder attentivement les visages, les physionomies, qui s'offrent dans ma route, et vous savez quelle jouissance nous tirons de cette faculté qui rend à nos yeux la vie plus vivante et plus significative que pour les autres hommes. Dans le quartier reculé que j'habite, et où de vastes espaces gazonnés séparent encore les bâtiments, j'observai souvent un enfant dont la physionomie ardente et espiègle, plus que toutes les autres, me séduisit tout d'abord. Il a posé plus d'une fois pour moi, et je l'ai transformé tantôt en petit bohémien, tantôt en ange, tantôt en Amour mythologique. Je lui ai fait porter le violon du vagabond, la Couronne d'Épines et les Clous de la Passion, et la Torche d'Éros. Je pris enfin à toute la drôlerie de ce gamin un plaisir si vif, que je priai un jour ses parents, de pauvres gens, de vouloir bien me le céder, promettant de bien l'habiller, de lui donner quelque argent et de ne pas lui imposer d'autre peine que de nettoyer mes pinceaux et

30. The Rope

FOR ÉDOUARD MANET

"Illusions," said a friend of mine, "like relationships between humans, or between humans and objects, are no doubt beyond number. And when illusions are dispelled, when we see person or thing as they exist, independent of us, we experience something odd, complicated, half regret for the vanished ghost, half agreeable shock at the new, material reality. If there's one reliable thing, undramatic, unchanging, unmistakeable, that thing is maternal love. It's as difficult to conceive of a mother without it as it is light without warmth; surely we're right to attribute a mother's every action, every word with regard to her child, to maternal love. So, listen to this little story of how I was completely taken in by a most natural illusion.

"As a professional painter, I look closely at the faces and features of people; you well know the pleasure we derive from this faculty, which makes our lives more vibrant and significant than those of other men. In my distant part of town, where there are still great swathes of green between buildings, I often observed a child whose fiery and mischievous appearance intrigued me more than any other I'd seen. More than once he posed for me; first I made him a little gypsy, then an angel, then a mythological Cupid. I painted him with an itinerant's violin, the Crown of Thorns, the torch of Eros. In the end, I was getting so much pleasure from the boy's funny ways that one day I asked his impecunious parents if they'd let me keep him, giving my word I'd clothe him properly and allow him pocket money in return for tasks no more onerous than

de faire mes commissions. Cet enfant, débarbouillé, devint charmant, et la vie qu'il menait chez moi lui semblait un paradis, comparativement à celle qu'il aurait subie dans le taudis paternel. Seulement je dois dire que ce petit bonhomme m'étonna quelquefois par des crises singulières de tristesse précoce, et qu'il manifesta bientôt un goût immodéré pour le sucre et les liqueurs ; si bien qu'un jour où je constatai que, malgré mes nombreux avertissements, il avait encore commis un nouveau larcin de ce genre, je le menaçai de le renvoyer à ses parents. Puis je sortis, et mes affaires me retinrent assez longtemps hors de chez moi.

« Quels ne furent pas mon horreur et mon étonnement quand, rentrant à la maison, le premier objet qui frappa mes regards fut mon petit bonhomme, l'espiègle compagnon de ma vie, pendu au panneau de cette armoire ! Ses pieds touchaient presque le plancher ; une chaise, qu'il avait sans doute repoussée du pied, était renversée à côté de lui ; sa tête était penchée convulsivement sur une épaule ; son visage, boursouflé, et ses yeux, tout grands ouverts avec une fixité effrayante, me causèrent d'abord l'illusion de la vie. Le dépendre n'était pas une besogne aussi facile que vous le pouvez croire. Il était déjà fort roide, et j'avais une répugnance inexplicable à le faire brusquement tomber sur le sol. Il fallait le soutenir tout entier avec un bras, et, avec la main de l'autre bras, couper la corde. Mais cela fait, tout n'était pas fini ; le petit monstre s'était servi d'une ficelle fort mince qui était entrée profondément dans les chairs, et il fallait maintenant, avec de minces ciseaux, chercher la corde entre les deux bourrelets de l'enflure, pour lui dégager le cou.

« J'ai négligé de vous dire que j'avais vivement appelé au secours ; mais tous mes voisins avaient refusé de me venir en aide, fidèles en cela aux habitudes de l'homme civilisé, qui ne veut jamais, je ne sais pourquoi, se mêler des affaires d'un pendu. Enfin vint un médecin qui déclara que l'enfant était mort depuis plusieurs heures. Quand, plus tard, nous eûmes à le déshabiller pour l'ensevelissement, la rigidité cadavérique était telle, que, désespérant de fléchir les membres, nous dûmes lacérer et couper les vêtements pour les lui enlever.

« Le commissaire, à qui, naturellement, je dus déclarer l'accident, me regarda de travers, et me dit : « Voilà qui est louche ! » mû sans doute par un désir invétéré et une habitude d'état de faire peur, à tout hasard, aux innocents comme aux coupables.

cleaning my brushes and running errands. Once scrubbed up, the child became delightful. He considered himself in paradise with me, compared to the hovel life he'd have had with his parents. But I have to say the lad's occasional bouts of a precocious sadness disturbed me; also, he soon developed a passion for sweet things and liqueurs, which one day resulted in my threatening to return him to his parents after he'd raided my store once too often, despite my warnings. Whereupon I left the house to attend to some matters, remaining away for quite a while.

"When I returned, you can imagine my horror and astonishment at the sight that greeted me. That little imp, my companion in life, had hanged himself from the wardrobe! His feet didn't quite reach the ground; a chair, which no doubt he'd kicked away, lay nearby; his convulsed head had dropped onto his shoulder; his face was a swollen mass, and his eyes were wide open and fixed in an icy stare, making me think at first he was still alive. Cutting him down wasn't as easy as you might expect. The body was already stiff, and for some obscure reason I couldn't just let it crash to the floor. I had to hold him up, bodily, with one arm, while with my other hand I cut the rope. But, that done, there was more; the silly boy had used very thin cord, which had cut deep into the flesh; now, using small scissors to release the neck, I had to feel for the rope between the two folds of his swollen flesh.

"I haven't mentioned that I called out for help; but every one of my neighbours turned a deaf ear, sticking to the unwritten rule I've never understood: not to get mixed up in suicides. Eventually a doctor arrived, and he concluded the child had been dead for some hours. Later, when we stripped the body for burial, rigor mortis was so advanced we abandoned our attempts to flex the limbs, and we had to cut and tear the clothing off.

"The sergeant I had to report the incident to gave me an old-fashioned look and said: 'This doesn't smell right to me!' – a professional reflex no doubt, as well as his need to strike fear in the innocent and guilty alike.

« Restait une tâche suprême à accomplir, dont la seule pensée me causait une angoisse terrible : il fallait avertir les parents. Mes pieds refusaient de m'y conduire. Enfin j'eus ce courage. Mais, à mon grand étonnement, la mère fut impassible, pas une larme ne suinta du coin de son œil. J'attribuai cette étrangeté à l'horreur même qu'elle devait éprouver, et je me souvins de la sentence connue : « Les douleurs les plus terribles sont les douleurs muettes. » Quant au père, il se contenta de dire d'un air moitié abruti, moitié rêveur : « Après tout, cela vaut peut-être mieux ainsi ; il aurait toujours mal fini ! »

« Cependant le corps était étendu sur mon divan, et, assisté d'une servante, je m'occupais des derniers préparatifs, quand la mère entra dans mon atelier. Elle voulait, disait-elle, voir le cadavre de son fils. Je ne pouvais pas, en vérité, l'empêcher de s'enivrer de son malheur et lui refuser cette suprême et sombre consolation. Ensuite elle me pria de lui montrer l'endroit où son petit s'était pendu. « Oh ! non ! madame, — lui répondis-je, — cela vous ferait mal. » Et comme involontairement mes yeux se tournaient vers la funèbre armoire, je m'aperçus, avec un dégoût mêlé d'horreur et de colère, que le clou était resté fiché dans la paroi, avec un long bout de corde qui traînait encore. Je m'élançai vivement pour arracher ces derniers vestiges du malheur, et comme j'allais les lancer au dehors par la fenêtre ouverte, la pauvre femme saisit mon bras et me dit d'une voix irrésistible : « Oh ! monsieur ! laissez-moi cela ! je vous en prie ! je vous en supplie ! » Son désespoir l'avait, sans doute, me parut-il, tellement affolée, qu'elle s'éprenait de tendresse maintenant pour ce qui avait servi d'instrument à la mort de son fils, et le voulait garder comme une horrible et chère relique. — Et elle s'empara du clou et de la ficelle.

« Enfin ! enfin ! tout était accompli. Il ne me restait plus qu'à me remettre au travail, plus vivement encore que d'habitude, pour chasser peu à peu ce petit cadavre qui hantait les replis de mon cerveau, et dont le fantôme me fatiguait de ses grands yeux fixes. Mais le lendemain je reçus un paquet de lettres : les unes, des locataires de ma maison, quelques autres des maisons voisines ; l'une, du premier étage ; l'autre, du second ; l'autre, du troisième, et ainsi de suite, les unes en style demi-plaisant, comme cherchant à déguiser sous un apparent badinage la sincérité de la demande ; les autres, lourdement effrontées et sans orthogra-

"One supreme task remained, the very thought of which filled me with dread: the boy's parents had to be told. My feet refused to take me to them. In the end I found the strength. But to my utter amazement, the mother was unmoved; no tear in the corner of her eye. I put this unusual response down to the sheer horror she must have been feeling; the dictum came to mind that the worst suffering happens in silence. As for the half-vacant father, all he said was: 'Perhaps it was for the best: he was always going to the bad!'

"Meanwhile the corpse lay on my divan and, with the help of a maid, I was finishing the preparations when the mother entered my studio. She said she wished to view her son's body. To be frank, it wasn't for me to measure out her grief or refuse her this supreme, sombre consolation. She asked me to show her the spot where her child had hanged himself. 'No, Madame,' I replied, 'it would be too painful.' But as my eyes were drawn to the grim wardrobe, I saw with horror, anger and revulsion that the nail was still there, a length of rope dangling. I jumped forward to remove these last vestiges of the tragedy, but as I was about to hurl them from the window, the poor woman clutched at my arm and said, irresistibly: 'Oh please, Monsieur, please let me keep them, please!' I was certain her despair had sent her over the edge, and that she was full of tender feelings for the instruments of her son's death, which she wanted to preserve as cherished, dreadful relics. And so she took the rope and nail.

"Finally, at last, the whole business was over. Now I had to get back to work, redouble my efforts, ease from my mind the corpse whose ghost was wearing me down with its wide stare. But the next day I received a crop of letters, some from tenants in my own building, others from neighbouring properties, one from a person on the first floor, another from the second, yet another from the third, and so on. The tone of a few was jocular almost, perhaps in the hope of passing off the seriousness of their request as banter; others were badly spelt

phe, mais toutes tendant au même but, c'est-à-dire à obtenir de moi un morceau de la funeste et béatifique corde. Parmi les signataires il y avait, je dois le dire, plus de femmes que d'hommes ; mais tous, croyez-le bien, n'appartenaient pas à la classe infime et vulgaire. J'ai gardé ces lettres.

« Et alors, soudainement, une lueur se fit dans mon cerveau, et je compris pourquoi la mère tenait tant à m'arracher la ficelle et par quel commerce elle entendait se consoler. »

and blatantly frank. But they all had one purpose: to extract from me a piece of the fatal, beatific rope. I have to say more letters were from women than men, and, this is a fact, not one was from the lower social orders. I've kept the letters.

"In a blinding moment of revelation, I saw why the mother had been so eager to snatch the rope from me, and what consoling trade it was she planned."

1864, 1864, 1866

31. LES VOCATIONS

Dans un beau jardin où les rayons d'un soleil automnal semblaient s'attarder à plaisir, sous un ciel déjà verdâtre où des nuages d'or flottaient comme des continents en voyage, quatre beaux enfants, quatre garçons, las de jouer sans doute, causaient entre eux.

L'un disait : « Hier on m'a mené au théâtre. Dans des palais grands et tristes, au fond desquels on voit la mer et le ciel, des hommes et des femmes, sérieux et tristes aussi, mais bien plus beaux et bien mieux habillés que ceux que nous voyons partout, parlent avec une voix chantante. Ils se menacent, ils supplient, ils se désolent, et ils appuient souvent leur main sur un poignard enfoncé dans leur ceinture. Ah ! c'est bien beau ! Les femmes sont bien plus belles et bien plus grandes que celles qui viennent nous voir à la maison, et, quoique avec leurs grands yeux creux et leurs joues enflammées elles aient l'air terrible, on ne peut pas s'empêcher de les aimer. On a peur, on a envie de pleurer, et cependant l'on est content… Et puis, ce qui est plus singulier, cela donne envie d'être habillé de même, de dire et de faire les mêmes choses, et de parler avec la même voix… »

L'un des quatre enfants, qui depuis quelques secondes n'écoutait plus le discours de son camarade et observait avec une fixité étonnante je ne sais quel point du ciel, dit tout à coup : — « Regardez, regardez là-bas… ! *Le* voyez-vous ? Il est assis sur ce petit nuage isolé, ce petit nuage couleur de feu, qui marche doucement. *Lui* aussi, on dirait qu'*il* nous regarde. »

« Mais qui donc ? » demandèrent les autres.

« Dieu ! » répondit-il avec un accent parfait de conviction. « Ah ! il est déjà bien loin ; tout à l'heure vous ne pourrez plus le voir. Sans doute il voyage, pour visiter tous les pays. Tenez, il va passer derrière cette rangée d'arbres qui est presque à l'horizon… et maintenant il descend derrière le clocher… Ah ! on ne le voit plus ! » Et l'enfant resta longtemps tourné du même côté, fixant sur la ligne qui sépare la terre du ciel des yeux où brillait une inexprimable expression d'extase et de regret.

31. Vocations

In a lovely garden, where the autumn sun seemed happy to linger beneath a sky now tinged with green, and in which golden clouds sailed like unanchored continents, four handsome boys were chatting, no doubt bored with their games.

One said: "I was taken to the theatre yesterday. In sad, grand palaces with the sea and sky beyond, men and women, also sad and serious, but much more beautiful and better dressed than ordinary people, speak in melodious tones. They issue threats, they entreat, they despair, they fondle daggers thrust in their belts. What a sight! The women are taller and much more beautiful than the visitors to my house, and though their big, hollow eyes and blazing cheeks make them seem terrifying, you can't help loving them. You feel frightened, you want to cry, and yet it's so pleasurable... And, stranger still, you'd even like to be dressed the same, say and do the same things, talk in the same voice..."

Another of the four boys, who had ceased listening to his friend and had fixed his gaze on a point in the sky, suddenly said: "Look, up there, see, can you see *him*? He's sitting on that cloud that's separate from the others, that little one like fire, moving slowly. You'd swear *he* is watching us."

"Who exactly?" the others asked.

"God!" he replied with absolute certainty. "Oh, he's disappearing so fast. In a moment he'll be gone. He must be going round the world, visiting every country. Look, he's about to pass behind that row of trees near the horizon... now he's coming down behind the church tower... Oh no, he's gone!" The boy remained in the same position, staring at the horizon, eyes bright with ecstasy and regret beyond words.

« Est-il bête, celui-là, avec son bon Dieu, que lui seul peut apercevoir ! »
dit alors le troisième, dont toute la petite personne était marquée d'une
vivacité et d'une vitalité singulières. Moi, je vais vous raconter comment il
m'est arrivé quelque chose qui ne vous est jamais arrivé, et qui est un peu
plus intéressant que votre théâtre et vos nuages. — Il y a quelques jours,
mes parents m'ont emmené en voyage avec eux, et, comme dans l'auberge
où nous nous sommes arrêtés, il n'y avait pas assez de lits pour nous tous,
il a été décidé que je dormirais dans le même lit que ma bonne. » — Il attira
ses camarades plus près de lui, et parla d'une voix plus basse. — « Ça fait
un singulier effet, allez, de n'être pas couché seul et d'être dans un lit avec
sa bonne, dans les ténèbres. Comme je ne dormais pas, je me suis amusé,
pendant qu'elle dormait, à passer ma main sur ses bras, sur son cou et
sur ses épaules. Elle a les bras et le cou bien plus gros que toutes les au-
tres femmes, et la peau en est si douce, si douce, qu'on dirait du papier à
lettre ou du papier de soie. J'y avais tant de plaisir que j'aurais longtemps
continué, si je n'avais pas eu peur, peur de la réveiller d'abord, et puis en-
core peur de je ne sais quoi. Ensuite j'ai fourré ma tête dans ses cheveux
qui pendaient dans son dos, épais comme une crinière, et ils sentaient
aussi bon, je vous assure, que les fleurs du jardin, à cette heure-ci. Essayez,
quand vous pourrez, d'en faire autant que moi, et vous verrez ! »

Le jeune auteur de cette prodigieuse révélation avait, en faisant son
récit, les yeux écarquillés par une sorte de stupéfaction de ce qu'il éprou-
vait encore, et les rayons du soleil couchant, en glissant à travers les
boucles rousses de sa chevelure ébouriffée, y allumaient comme une au-
réole sulfureuse de passion. Il était facile de deviner que celui-là ne per-
drait pas sa vie à chercher la Divinité dans les nuées, et qu'il la trouverait
fréquemment ailleurs.

Enfin le quatrième dit : « Vous savez que je ne m'amuse guère à la
maison ; on ne me mène jamais au spectacle ; mon tuteur est trop avare ;
Dieu ne s'occupe pas de moi et de mon ennui, et je n'ai pas une belle
bonne pour me dorloter. Il m'a souvent semblé que mon plaisir serait
d'aller toujours droit devant moi, sans savoir où, sans que personne s'en
inquiète, et de voir toujours des pays nouveaux. Je ne suis jamais bien
nulle part, et je crois toujours que je serais mieux ailleurs que là où je
suis. Eh bien ! j'ai vu, à la dernière foire du village voisin, trois hommes

"What an idiot, with his Lord God Almighty no one else can see!" said the third, whose small frame was the essence of life and vivacity. "I'll tell you about something that happened to me and won't ever happen to you, much more interesting than your theatre or your clouds. A few days ago, my parents took me away with them, and as there weren't enough beds at the inn we stopped at, they decided I should share a bed with our maid." He drew his friends in more closely and lowered his voice: "It's a really strange feeling not to be alone in bed and to be lying in the dark next to your maid. I couldn't sleep, so I thought it'd be fun to stroke her arms and neck and shoulders while she slept. There's much more flesh on her arms and neck than other women, and the skin is soft, soft, soft, like writing paper or tissue paper. It was so nice I could have gone on a lot longer, but I was fearful – of waking her up and who knows what else. Then I buried my head in her hair, which tumbled down her back, thick as a mane. I'm not lying, it smelt as good as flowers in the garden. Try for yourselves if you get a chance. You'll see!"

The young author of this wonderful revelation told his story with saucer eyes, as though stupefied by the experience; the dying sun, working its way down his tousled auburn locks, seemed to illuminate a sulphurous halo of passion. It was all too clear that boy would not fritter his life away searching the sky for the Divine, but often enough would settle for it elsewhere.

And then the fourth boy said: "You know, I have no fun at home. I never get taken to shows, my guardian is too tight-fisted; God has no time for me or my boredom, and I don't have cuddles with a pretty nursemaid. I've often thought my real pleasure would be to strike out, follow my nose, see where it led me, always to new countries, no one fretting about me. I'm never content to stay in one place, and I always think I'd be better off anywhere else. Well, when the fair last came to the neighbouring village, I encountered three men who were lead-

qui vivent comme je voudrais vivre. Vous n'y avez pas fait attention, vous autres. Ils étaient grands, presque noirs et très-fiers, quoique en guenilles, avec l'air de n'avoir besoin de personne. Leurs grands yeux sombres sont devenus tout à fait brillants pendant qu'ils faisaient de la musique ; une musique si surprenante qu'elle donne envie tantôt de danser, tantôt de pleurer, ou de faire les deux à la fois, et qu'on deviendrait comme fou si on les écoutait trop longtemps. L'un, en traînant son archet sur son violon, semblait raconter un chagrin, et l'autre, en faisant sautiller son petit marteau sur les cordes d'un petit piano suspendu à son cou par une courroie, avait l'air de se moquer de la plainte de son voisin, tandis que le troisième choquait, de temps à autre ses cymbales avec une violence extraordinaire. Ils étaient si contents d'eux-mêmes, qu'ils ont continué à jouer leur musique de sauvages, même après que la foule s'est dispersée. Enfin ils ont ramassé leurs sous, ont chargé leur bagage sur leur dos, et sont partis. Moi, voulant savoir où ils demeuraient, je les ai suivis de loin, jusqu'au bord de la forêt, où j'ai compris seulement alors qu'ils ne demeuraient nulle part.

Alors l'un a dit : « Faut-il déployer la tente ? »

« Ma foi ! non ! » a répondu l'autre, « il fait une si belle nuit ! »

Le troisième disait en comptant la recette : « Ces gens-là ne sentent pas la musique, et leurs femmes dansent comme des ours. Heureusement, avant un mois nous serons en Autriche, où nous trouverons un peuple plus aimable. »

« Nous ferions peut-être mieux d'aller vers l'Espagne, car voici la saison qui s'avance ; fuyons avant les pluies et ne mouillons que notre gosier », a dit un des deux autres.

« J'ai tout retenu, comme vous voyez. Ensuite ils ont bu chacun une tasse d'eau-de-vie et se sont endormis, le front tourné vers les étoiles. J'avais eu d'abord envie de les prier de m'emmener avec eux et de m'apprendre à jouer de leurs instruments ; mais je n'ai pas osé, sans doute parce qu'il est toujours très-difficile de se décider à n'importe quoi, et aussi parce que j'avais peur d'être rattrapé avant d'être hors de France. »

L'air peu intéressé des trois autres camarades me donna à penser que ce petit était déjà un *incompris*. Je le regardais attentivement ; il y avait dans son œil et dans son front ce je ne sais quoi de précocement fatal qui

ing the life I want. The three of you didn't even notice. They were tall, black almost, very haughty despite their rags; their manner said they did not need anyone. When they played their music, their large, dark eyes became brilliant; the sound was so captivating sometimes you wanted to dance, sometimes cry, or both together. You felt you might go out of your mind if you listened too long. One dragged his bow across his violin and told a woeful tale; another made his little hammer leap about the strings of the toy piano strapped to his neck, and he seemed to be mocking his companion's miseries; the third intermittently crashed his cymbals with extraordinary violence. They were so wrapped up in themselves they went on playing their raw music even after the crowd had dispersed. Finally they picked up their takings, hoisted their equipment on their backs, and left. I wanted to know where they lived, so I followed at a distance until they reached a forest, and that is where it hit me that of course they lived nowhere.

One of them said: "Should we pitch the tent?"

"No, no," said another, "it's such a wonderful night."

The third said, counting the money: "Those people have no feeling for music. The women dance like bears. It's lucky we'll be in Austria in under a month. We'll get a more sympathetic reception there."

"We'd do better to head for Spain; the weather's on the turn; let's get out before the rain starts. The only part we want to wet is our whistles," said one of the others.

"I've remembered every detail, as you see. Then they drank a tumbler of brandy and fell asleep, face up to the stars. At first I wanted to beg them to take me with them and teach me their instruments. But I didn't dare ask, probably because it's so hard to make up your mind to do anything, also because I was scared I'd be caught before I got clear of France."

The look of indifference on the face of the other three boys led me to conclude this child already belonged to the tribe of the *misunderstood*. I studied him closely. In his brow and eyes there was

éloigne généralement la sympathie, et qui, je ne sais pourquoi, excitait la mienne, au point que j'eus un instant l'idée bizarre que je pouvais avoir un frère à moi-même inconnu.

Le soleil s'était couché. La nuit solennelle avait pris place. Les enfants se séparèrent, chacun allant, à son insu, selon les circonstances et les hasards, mûrir sa destinée, scandaliser ses proches et graviter vers la gloire ou vers le déshonneur.

that precociously fatal something which usually alienates fellow feeling, and – why, I know not – which stimulated mine so much that briefly I had the bizarre idea he might be a brother I knew nothing of.

The sun had set, replaced by solemn night. The boys separated, each going, unaware and at the mercy of chance and circumstance, to nurture his destiny, scandalize his loved ones and gravitate towards glory or dishonour.

1864, 1864

32. LE THYRSE

À FRANZ LISZT

Qu'est-ce qu'un thyrse ? Selon le sens moral et poétique, c'est un emblème sacerdotal dans la main des prêtres ou des prêtresses célébrant la divinité dont ils sont les interprètes et les serviteurs. Mais physiquement ce n'est qu'un bâton, un pur bâton, perche à houblon, tuteur de vigne, sec, dur et droit. Autour de ce bâton, dans des méandres capricieux, se jouent et folâtrent des tiges et des fleurs, celles-ci sinueuses et fuyardes, celles-là penchées comme des cloches ou des coupes renversées. Et une gloire étonnante jaillit de cette complexité de lignes et de couleurs, tendres ou éclatantes. Ne dirait-on pas que la ligne courbe et la spirale font leur cour à la ligne droite et dansent autour dans une muette adoration ? Ne dirait-on pas que toutes ces corolles délicates, tous ces calices, explosions de senteurs et de couleurs, exécutent un mystique fandango autour du bâton hiératique ? Et quel est, cependant, le mortel imprudent qui osera décider si les fleurs et les pampres ont été faits pour le bâton, ou si le bâton n'est que le prétexte pour montrer la beauté des pampres et des fleurs ? Le thyrse est la représentation de votre étonnante dualité, maître puissant et vénéré, cher Bacchant de la Beauté mystérieuse et passionnée. Jamais nymphe exaspérée par l'invincible Bacchus ne secoua son thyrse sur les têtes de ses compagnes affolées avec autant d'énergie et de caprice que vous agitez votre génie sur les cœurs de vos frères. — Le bâton, c'est votre volonté, droite, ferme et inébranlable ; les fleurs, c'est la promenade de votre fantaisie autour de votre volonté ; c'est l'élément féminin exécutant autour du mâle ses prestigieuses pirouettes. Ligne droite et ligne arabesque, intention et expression, roideur de la volonté, sinuosité du verbe, unité du but, variété des moyens, amalgame tout-puissant et indivisible du génie, quel analyste aura le détestable courage de vous diviser et de vous séparer ?

32. The Thyrsus

FOR FRANZ LISZT

What is a thyrsus?* In a moral and poetical sense, it is a sacerdotal emblem in the hands of a priest or priestess celebrating the divinity they serve and represent. But as an object it is merely a length of wood, a simple stick, a hop pole, a vine prop, dry, hard, straight. Around this stick, stems and blooms disport themselves in playful volutes, the blooms resembling hanging bells or upturned cups, the stems fugitive and sinuous. And an astonishing glory leaps from that tangle of lines and colours, soft or wild. It is as though the curve and the spiral were paying court to the straight line in a dance of mute adoration. Or as though all those delicate corollas, calyces, bursts of fragrance and colour, were performing a mystic fandango around the hieratic stick. Which rash mortal will dare assert that the blooms and tendrils are made for the stick, or that the stick is merely a means to highlight the blooms' and tendrils' beauty? The thyrsus is the representation of your astonishing duality, powerful and revered master, dear Bacchant of mysterious, impassioned Beauty. No nymph, exasperated by invincible Bacchus, ever shook a thyrsus above the heads of her maddened sisters so vigorously and capriciously as your genius works on the hearts of your brothers. The stick is your will, straight, firm, unbreakable; flowers, your fancy's excursion around your will; the feminine element encircling the male with wondrous pirouettes. Straight line and arabesque, intention and expression, inflexibility of will, sinuosity of language; singleness of aim, plurality of means; all-powerful, indivisible, concentration of genius; what ridiculous analyst will have the temerity to divide and separate you?

Cher Liszt, à travers les brumes, par delà les fleuves, par-dessus les villes où les pianos chantent votre gloire, où l'imprimerie traduit votre sagesse, en quelque lieu que vous soyez, dans les splendeurs de la ville éternelle ou dans les brumes des pays rêveurs que console Cambrinus, improvisant des chants de délectation ou d'ineffable douleur, ou confiant au papier vos méditations abstruses, chantre de la Volupté et de l'Angoisse éternelles, philosophe, poëte et artiste, je vous salue en l'immortalité !

Dear Liszt, beyond the haze, rivers, above the towns where pianos sing your glory, where printing presses transcribe your wisdom; wherever you may be, amid the splendours of the eternal city or in misty dream-lands soothed by Cambrinus,* improvising songs of pleasure or ineffable suffering, or entrusting your abstruse meditations to the page, songster of eternal Voluptuousness and Anguish, philosopher, poet, artist, I salute you in immortality!

1863

33. ENIVREZ-VOUS

Il faut être toujours ivre. Tout est là : c'est l'unique question. Pour ne pas sentir l'horrible fardeau du Temps qui brise vos épaules et vous penche vers la terre, il faut vous enivrer sans trêve.

Mais de quoi ? De vin, de poésie ou de vertu, à votre guise. Mais enivrez-vous.

Et si quelquefois, sur les marches d'un palais, sur l'herbe verte d'un fossé, dans la solitude morne de votre chambre, vous vous réveillez, l'ivresse déjà diminuée ou disparue, demandez au vent, à la vague, à l'étoile, à l'oiseau, à l'horloge, à tout ce qui fuit, à tout ce qui gémit, à tout ce qui roule, à tout ce qui chante, à tout ce qui parle, demandez quelle heure il est ; et le vent, la vague, l'étoile, l'oiseau, l'horloge, vous répondront : « Il est l'heure de s'enivrer ! Pour n'être pas les esclaves martyrisés du Temps, enivrez-vous ; enivrez-vous sans cesse ! De vin, de poésie ou de vertu, à votre guise. »

33. Be Drunk

Be drunk always. Nothing else matters; there are no other subjects. Not to feel the grim weight of Time breaking your backs and bending you double, you must get drunk and stay drunk.

But drunk on what? Wine, poetry, virtue – the choice is yours. Just be drunk.

And if sometimes, on the steps of a palace, on the green grass of a ditch, in the gloomy isolation of your room, you wake sober or just a little tipsy, ask the wind, waves, stars, birds, clocks, ask anything that flies, moans, moves, sings, speaks, ask it the time. And the wind, wave, star, bird, clock will reply: "Time to get drunk! To avoid the enslaved martyrdom of Time, get drunk and stay drunk! On wine, poetry, virtue, the choice is yours!"

1864

34. DÉJÀ !

Cent fois déjà le soleil avait jailli, radieux ou attristé, de cette cuve immense de la mer dont les bords ne se laissent qu'à peine apercevoir ; cent fois il s'était replongé, étincelant ou morose, dans son immense bain du soir. Depuis nombre de jours, nous pouvions contempler l'autre côté du firmament et déchiffrer l'alphabet céleste des antipodes. Et chacun des passagers gémissait et grognait. On eût dit que l'approche de la terre exaspérait leur souffrance. « Quand donc », disaient-ils, « cesserons-nous de dormir un sommeil secoué par la lame, troublé par un vent qui ronfle plus haut que nous ? Quand pourrons-nous manger de la viande qui ne soit pas salée comme l'élément infâme qui nous porte ? Quand pourrons-nous digérer dans un fauteuil immobile ? »

Il y en avait qui pensaient à leur foyer, qui regrettaient leurs femmes infidèles et maussades, et leur progéniture criarde. Tous étaient si affolés par l'image de la terre absente, qu'ils auraient, je crois, mangé de l'herbe avec plus d'enthousiasme que les bêtes.

Enfin un rivage fut signalé ; et nous vîmes, en approchant, que c'était une terre magnifique, éblouissante. Il semblait que les musiques de la vie s'en détachaient en un vague murmure, et que de ces côtes, riches en verdures de toute sorte, s'exhalait, jusqu'à plusieurs lieues, une délicieuse odeur de fleurs et de fruits.

Aussitôt chacun fut joyeux, chacun abdiqua sa mauvaise humeur. Toutes les querelles furent oubliées, tous les torts réciproques pardonnés ; les duels convenus furent rayés de la mémoire, et les rancunes s'envolèrent comme des fumées.

Moi seul j'étais triste, inconcevablement triste. Semblable à un prêtre à qui on arracherait sa divinité, je ne pouvais, sans une navrante amertume, me détacher de cette mer si monstrueusement séduisante, de cette mer si infiniment variée dans son effrayante simplicité, et qui semble contenir en elle et représenter par ses jeux, ses allures, ses colères et ses sourires, les humeurs, les agonies et les extases de toutes les âmes qui ont vécu, qui vivent et qui vivront !

34. Already!

A hundred times already the sun had climbed, radiant or forlorn, from that immense bowl of the sea whose far rim is scarcely visible, and a hundred times it had plunged, sparkling or morose, into its great bath of evening. For several days, we had contemplated the other side of the firmament and learnt the antipodes' celestial alphabet. And every one of the voyagers moaned and groaned. It was as though nearing land was increasing their misery. "When, when," they said, "will we cease having to endure sleep wracked by waves, buffeted by winds whose snoring is louder than ours? When will we taste meat less salty than the vile element carrying us? When can we digest in armchairs that don't move about?"

Some were thinking of their homes, missing their grumpy, faithless wives and their rowdy progeny. All were made so frantic by the image of an absent land. I think they would have munched grass with more passion than an animal.

Finally a shore was sighted, and as we drew close, we saw dazzling, magnificent land. It seemed all of life's music issued from it in a vague murmur, and that from these shores, rich in every kind of greenery, the delectable scent of fruit and flowers drifted on the air for several leagues.

Everyone suddenly was filled with joy. Bad moods dissolved. Quarrels were overlooked, reciprocal wrongs forgiven; anticipated duels forgotten; grudges became smoky air.

I alone was sad, unconscionably sad. Like a priest stripped of divine authority, I could not, without sickening bitterness, leave that captivating monster of a sea, infinitely various in its terrifying simplicity; the sea which seems to hold within itself, and to voice through its games, allure, rages and smiles, the anguish and ecstasy of every soul that has ever lived, or is living, or will live!

En disant adieu à cette incomparable beauté, je me sentais abattu jusqu'à la mort ; et c'est pourquoi, quand chacun de mes compagnons dit : « Enfin ! » je ne pus crier que : « *Déjà !* »

Cependant c'était la terre, la terre avec ses bruits, ses passions, ses commodités, ses fêtes ; c'était une terre riche et magnifique, pleine de promesses, qui nous envoyait un mystérieux parfum de rose et de musc, et d'où les musiques de la vie nous arrivaient en un amoureux murmure.

As I bade farewell to that incomparable beauty, I felt dispirited to the point of death, and so when all my companions said: "At last!" the only thing I could utter was: "*Already*!"

But it was land; land with its sounds, passions, commodities, carnivals; rich and magnificent land, fertile with promises, sending our way the perfumed mystery of rose and musk, a land where all of life's musics came to us in a murmur of love.

1863

35. LES FENÊTRES

Celui qui regarde du dehors à travers une fenêtre ouverte, ne voit jamais autant de choses que celui qui regarde une fenêtre fermée. Il n'est pas d'objet plus profond, plus mystérieux, plus fécond, plus ténébreux, plus éblouissant qu'une fenêtre éclairée d'une chandelle. Ce qu'on peut voir au soleil est toujours moins intéressant que ce qui se passe derrière une vitre. Dans ce trou noir ou lumineux vit la vie, rêve la vie, souffre la vie.

Par delà des vagues de toits, j'aperçois une femme mûre, ridée déjà, pauvre, toujours penchée sur quelque chose, et qui ne sort jamais. Avec son visage, avec son vêtement, avec son geste, avec presque rien, j'ai refait l'histoire de cette femme, ou plutôt sa légende, et quelquefois je me la raconte à moi-même en pleurant.

Si c'eût été un pauvre vieux homme, j'aurais refait la sienne tout aussi aisément.

Et je me couche, fier d'avoir vécu et souffert dans d'autres que moi-même.

Peut-être me direz-vous : « Es-tu sûr que cette légende soit la vraie ? » Qu'importe ce que peut être la réalité placée hors de moi, si elle m'a aidé à vivre, à sentir que je suis et ce que je suis ?

35. Windows

An open window never reveals as much as one closed. There is nothing more profound, mysterious, fertile, shadowy, dazzling than a window lit by a candle. What is seen in sunlight is always less interesting than whatever occurs on the far side of a glass sheet. Within that cave, dark or illuminated, life lives, life dreams, life hurts.

Across undulating roofs, I perceive a mature woman, already wrinkled, poor, permanently stooping over something; a life spent indoors. With her face, her clothes, her movements, with almost nothing, I have recreated that woman's story, her myth rather, and sometimes I weep as I tell it to myself.

Had it been a poor old man, I would have reconstructed his story as easily.

And I retreat to my bed, pleased I have lived and suffered in others than myself.

Perhaps you will ask me: "Are you sure you have the right myth?" But why should I care what the reality is outside myself, so long as it has helped me to live, to feel that I am, to feel what I am?

1863

36. LE DÉSIR DE PEINDRE

Malheureux peut-être l'homme, mais heureux l'artiste que le désir déchire !

Je brûle de peindre celle qui m'est apparue si rarement et qui a fui si vite, comme une belle chose regrettable derrière le voyageur emporté dans la nuit. Comme il y a longtemps déjà qu'elle a disparu !

Elle est belle, et plus que belle ; elle est surprenante. En elle le noir abonde : et tout ce qu'elle inspire est nocturne et profond. Ses yeux sont deux antres où scintille vaguement le mystère, et son regard illumine comme l'éclair : c'est une explosion dans les ténèbres.

Je la comparerais à un soleil noir, si l'on pouvait concevoir un astre noir versant la lumière et le bonheur. Mais elle fait plus volontiers penser à la lune, qui sans doute l'a marquée de sa redoutable influence ; non pas la lune blanche des idylles, qui ressemble à une froide mariée, mais la lune sinistre et enivrante, suspendue au fond d'une nuit orageuse et bousculée par les nuées qui courent ; non pas la lune paisible et discrète visitant le sommeil des hommes purs, mais la lune arrachée du ciel, vaincue et révoltée, que les Sorcières thessaliennes contraignent durement à danser sur l'herbe terrifiée !

Dans son petit front habitent la volonté tenace et l'amour de la proie. Cependant, au bas de ce visage inquiétant, où des narines mobiles aspirent l'inconnu et l'impossible, éclate, avec une grâce inexprimable, le rire d'une grande bouche, rouge et blanche, et délicieuse, qui fait rêver au miracle d'une superbe fleur éclose dans un terrain volcanique.

Il y a des femmes qui inspirent l'envie de les vaincre et de jouir d'elles ; mais celle-ci donne le désir de mourir lentement sous son regard.

36. The Desire to Paint

Unhappy the man perhaps, but not the artist torn by desire!

I burn to paint her whom I saw so rarely, so quickly gone, like a thing of beauty the traveller heading into night must relinquish with regret. She disappeared so long ago!

She is beautiful, and more than beautiful; she is surprising. In her, darkness abounds; everything she inspires is deep, belongs to night. Her eyes are two caverns where mystery faintly glistens; their gaze a flash like lightning, an explosion in shadows.

I might compare her to a black sun, if a black star shedding light and happiness were conceivable. But she evokes more readily the moon, which must have had on her its fearsome influence; not the white moon of idylls, resembling a frigid bride, but the sinister, intoxicating moon, suspended deep in a raging night that scudding clouds torment; not the peaceable, tactful moon that visits the sleep of the pure, rather the moon ripped out of the sky, vanquished, in revolt, set dancing on the terrified grass by the witches of Thessaly!*

Within her slender brow tenacious will and a lust for prey reside. While in the rest of that troubling face, where quivering nostrils breathe in the unknown and the impossible, laughter of an inexpressible grace erupts on a wide mouth, red and white and delicious, conjuring the miracle of a superb flower opened on volcanic soil.

There are women who inspire the wish to conquer and enjoy them; this one, though, stirs the desire to die slowly, her eyes on you.

1863

37. LES BIENFAITS DE LA LUNE

La Lune, qui est le caprice même, regarda par la fenêtre pendant que tu dormais dans ton berceau, et se dit : « Cette enfant me plaît. »

Et elle descendit moelleusement son escalier de nuages et passa sans bruit à travers les vitres. Puis elle s'étendit sur toi avec la tendresse souple d'une mère, et elle déposa ses couleurs sur ta face. Tes prunelles en sont restées vertes, et tes joues extraordinairement pâles. C'est en contemplant cette visiteuse que tes yeux se sont si bizarrement agrandis ; et elle t'a si tendrement serrée à la gorge que tu en as gardé pour toujours l'envie de pleurer.

Cependant, dans l'expansion de sa joie, la Lune remplissait toute la chambre comme une atmosphère phosphorique, comme un poison lumineux ; et toute cette lumière vivante pensait et disait : « Tu subiras éternellement l'influence de mon baiser. Tu seras belle à ma manière. Tu aimeras ce que j'aime et ce qui m'aime : l'eau, les nuages, le silence et la nuit ; la mer immense et verte ; l'eau uniforme et multiforme ; le lieu où tu ne seras pas ; l'amant que tu ne connaîtras pas ; les fleurs monstrueuses ; les parfums qui font délirer ; les chats qui se pâment sur les pianos et qui gémissent comme les femmes, d'une voix rauque et douce !

« Et tu seras aimée de mes amants, courtisée par mes courtisans. Tu seras la reine des hommes aux yeux verts dont j'ai serré aussi la gorge dans mes caresses nocturnes ; de ceux-là qui aiment la mer, la mer immense, tumultueuse et verte, l'eau informe et multiforme, le lieu où ils ne sont pas, la femme qu'ils ne connaissent pas, les fleurs sinistres qui ressemblent aux encensoirs d'une religion inconnue, les parfums qui troublent la volonté, et les animaux sauvages et voluptueux qui sont les emblèmes de leur folie. »

Et c'est pour cela, maudite chère enfant gâtée, que je suis maintenant couché à tes pieds, cherchant dans toute ta personne le reflet de la redoutable Divinité, de la fatidique marraine, de la nourrice empoisonneuse de tous les *lunatiques*.

37. Benefits of the Moon

The moon – caprice itself – looked through the window as you lay sleeping in your cot, and thought: "That child I like."

And she slipped down her staircase of clouds and passed through the glass of a window without a sound. Then, with a mother's supple tenderness she spread herself over you, and laid her colours on your face. Your pupils have retained her green, your cheeks her amazing pallor. It was as you watched your visitor that your eyes became so strangely enlarged, and her hold round your throat was so tender the urge to weep has been with you ever since.

Still, her joy expanding, the Moon flooded the entire room with phosphorescence, a luminous poison, and this living light was thinking and saying: "You will feel for ever the effect of my embrace. You will be beautiful in my fashion. You will love what I love, and what loves me: water, clouds, silence, night; the vast green sea; formless and protean water; the place where you are not; the lover you will not know; monstrous flowers; the scents that cause delirium; cats in a trance on pianos and moaning with coarse and soft voices, like women!

My lovers will love you; my gallants will be full of gallantry. You will be queen of green-eyed men whose throats also have known my nocturnal grasp; queen of those who love the sea, the immense sea, tumultuous and green, formless and protean water, the place where they are not, the women they do not know, the sinister flowers like censers of an unknown religion, the scents that cloud the will, and the wild, voluptuous animals, emblems of their madness."

And that is why, dear, spoilt, accursed child, I now live at your feet, searching you for the reflection of that fearful Divinity, of that fateful godmother, the poisoner-nurse of all *lunatics*.

1863, 1867

38. LAQUELLE EST LA VRAIE ?

J'ai connu une certaine Bénédicta, qui remplissait l'atmosphère d'idéal, et dont les yeux répandaient le désir de la grandeur, de la beauté, de la gloire et de tout ce qui fait croire à l'immortalité.

Mais cette fille miraculeuse était trop belle pour vivre longtemps ; aussi est-elle morte quelques jours après que j'eus fait sa connaissance, et c'est moi-même qui l'ai enterrée, un jour que le printemps agitait son encensoir jusque dans les cimetières. C'est moi qui l'ai enterrée, bien close dans une bière d'un bois parfumé et incorruptible comme les coffres de l'Inde.

Et comme mes yeux restaient fichés sur le lieu où était enfoui mon trésor, je vis subitement une petite personne qui ressemblait singulièrement à la défunte, et qui, piétinant sur la terre fraîche avec une violence hystérique et bizarre, disait en éclatant de rire : « C'est moi, la vraie Bénédicta ! C'est moi, une fameuse canaille ! Et pour la punition de ta folie et de ton aveuglement, tu m'aimeras telle que je suis ! »

Mais moi, furieux, j'ai répondu : « Non ! non ! non ! » Et pour mieux accentuer mon refus, j'ai frappé si violemment la terre du pied que ma jambe s'est enfoncée jusqu'au genou dans la sépulture récente, et que, comme un loup pris au piége, je reste attaché, pour toujours peut-être, à la fosse de l'idéal.

38. Which Is the Real One?

Once I knew a certain Benedicta, who filled the atmosphere with the ideal; whose eyes spread desire for greatness, beauty, glory and all that feeds the belief in immortality.

But that miraculous girl was too beautiful to live long; in fact she died a few days after I met her, and I myself buried her, on a day when Spring waved its censer even in graveyards. I it was who buried her, sealed tight in her coffin of scented and incorruptible wood, like a chest from India.

With my gaze on the plot of earth where my treasure was buried, suddenly I saw a small figure, remarkably like the dead girl, stamping the disturbed soil with strange and manic violence. She burst out laughing and said: "It's me the real Benedicta! Me, the famous trash! And to punish you for your blindness and stupidity, you will love me as I am!"

I was furious. I said to her: "No, no, no!" And to underline my refusal, I stamped so hard on the ground my leg sank knee-deep in the new grave, and like a wolf in a trap, I remain tethered, for ever perhaps, in the burial ground of the ideal.

1863, 1867

39. UN CHEVAL DE RACE

Elle est bien laide. Elle est délicieuse pourtant !

Le Temps et l'Amour l'ont marquée de leurs griffes et lui ont cruellement enseigné ce que chaque minute et chaque baiser emportent de jeunesse et de fraîcheur.

Elle est vraiment laide ; elle est fourmi, araignée, si vous voulez, squelette même ; mais aussi elle est breuvage, magistère, sorcellerie ! en somme, elle est exquise.

Le Temps n'a pu rompre l'harmonie pétillante de sa démarche ni l'élégance indestructible de son armature. L'Amour n'a pas altéré la suavité de son haleine d'enfant ; et le Temps n'a rien arraché de son abondante crinière d'où s'exhale en fauves parfums toute la vitalité endiablée du Midi français : Nîmes, Aix, Arles, Avignon, Narbonne, Toulouse, villes bénies du soleil, amoureuses et charmantes !

Le Temps et l'Amour l'ont vainement mordue à belles dents ; ils n'ont rien diminué du charme vague, mais éternel, de sa poitrine garçonnière.

Usée peut-être, mais non fatiguée, et toujours héroïque, elle fait penser à ces chevaux de grande race que l'œil du véritable amateur reconnaît, même attelés à un carrosse de louage ou à un lourd chariot.

Et puis elle est si douce et si fervente ! Elle aime comme on aime en automne ; on dirait que les approches de l'hiver allument dans son cœur un feu nouveau, et la servilité de sa tendresse n'a jamais rien de fatigant.

39. A Thoroughbred

She is plain ugly. And yet delicious!

Time and Love have left their claw marks and taught her, cruelly, that every minute, every kiss, erodes youth and freshness.

She is truly ugly; she is an ant, a spider, if you will, a skeleton even; but she is also drink, tonic, witchcraft. In short, she is exquisite.

Time has not contrived to spoil the sparkling harmony of her gait, nor the indestructible elegance of her frame. Love has not changed the sweetness of her infant breath, and Time has not thinned the abundance of her mane, whose animal scents have the devilish vitality of the Midi: Nîmes, Aix, Arles, Avignon, Narbonne, Toulouse, cities blessed by the sun, charming cities of love!

In vain Time and Love have gnawed at her; in no way have they withered the vague yet eternal charm of her boyish breasts.

Worn perhaps, but not fatigued, and always heroic, she calls to mind those splendid thoroughbreds the true connoisseur spots, even when they are harnessed to a hackney cab or heavy cart.

And then, she is so gentle and fervent! She loves with autumn love, as though approaching winter were lighting a new fire in her heart, and the servility of her tenderness is never a burden.

1864

40. LE MIROIR

Un homme épouvantable entre et se regarde dans la glace.

« Pourquoi vous regardez-vous au miroir, puisque vous ne pouvez vous y voir qu'avec déplaisir ? »

L'homme épouvantable me répond : « — Monsieur, d'après les immortels principes de 89, tous les hommes sont égaux en droits ; donc je possède le droit de me mirer ; avec plaisir ou déplaisir, cela ne regarde que ma conscience. »

Au nom du bon sens, j'avais sans doute raison ; mais, au point de vue de la loi, il n'avait pas tort.

40. The Mirror

A hideous man enters and looks at himself in the mirror.

"Why look at yourself in the mirror, since you'll only feel disgust at what you see?"

The hideous man replies: "Monsieur, according to the immortal principles of 1789, everyone has equal rights; therefore I have the right to behold myself with pleasure or distaste. It is between me and my conscience."

In terms of good sense, I was surely right; but in respect of the law he was not wrong.

1864

41. LE PORT

Un port est un séjour charmant pour une âme fatiguée des luttes de la vie. L'ampleur du ciel, l'architecture mobile des nuages, les colorations changeantes de la mer, le scintillement des phares, sont un prisme merveilleusement propre à amuser les yeux sans jamais les lasser. Les formes élancées des navires, au gréement compliqué, auxquels la houle imprime des oscillations harmonieuses, servent à entretenir dans l'âme le goût du rhythme et de la beauté. Et puis, surtout, il y a une sorte de plaisir mystérieux et aristocratique pour celui qui n'a plus ni curiosité ni ambition, à contempler, couché dans le belvédère ou accoudé sur le môle, tous ces mouvements de ceux qui partent et de ceux qui reviennent, de ceux qui ont encore la force de vouloir, le désir de voyager ou de s'enrichir.

41. The Port

A port is a lovely place for a soul grown weary of life's struggles. The breadth of the sky, the mobile architecture of the clouds, the changing colours of the sea, the winking lighthouses make a prism marvellously suited to please the eyes without ever tiring them. The slender form of intricately rigged ships, swaying in harmony with the swell, sustains the soul's love of rhythm and beauty. And then, most of all, for the person now empty of curiosity and ambition, there is a sort of mysterious and aristocratic pleasure in watching, from the comfort of a belvedere or leaning on a parapet, the movements of people leaving, people returning, those still with the force to want, the desire to journey or enrich themselves.

1864

42. PORTRAITS DE MAÎTRESSES

Dans un boudoir d'hommes, c'est-à-dire dans un fumoir attenant à un élégant tripot, quatre hommes fumaient et buvaient. Ils n'étaient précisément ni jeunes ni vieux, ni beaux ni laids ; mais vieux ou jeunes, ils portaient cette distinction non méconnaissable des vétérans de la joie, cet indescriptible je ne sais quoi, cette tristesse froide et railleuse qui dit clairement : « Nous avons fortement vécu, et nous cherchons ce que nous pourrions aimer et estimer. »

L'un d'eux jeta la causerie sur le sujet des femmes. Il eût été plus philosophique de n'en pas parler du tout ; mais il y a des gens d'esprit qui, après boire, ne méprisent pas les conversations banales. On écoute alors celui qui parle, comme on écouterait de la musique de danse.

« Tous les hommes, disait celui-ci, ont eu l'âge de Chérubin : c'est l'époque où, faute de dryades, on embrasse, sans dégoût, le tronc des chênes. C'est le premier degré de l'amour. Au second degré, on commence à choisir. Pouvoir délibérer, c'est déjà une décadence. C'est alors qu'on recherche décidément la beauté. Pour moi, messieurs, je me fais gloire d'être arrivé, depuis longtemps, à l'époque climatérique du troisième degré où la beauté elle-même ne suffit plus, si elle n'est assaisonnée par le parfum, la parure, et cætera. J'avouerai même que j'aspire quelquefois, comme à un bonheur inconnu, à un certain quatrième degré qui doit marquer le calme absolu. Mais, durant toute ma vie, excepté à l'âge de Chérubin, j'ai été plus sensible que tout autre à l'énervante sottise, à l'irritante médiocrité des femmes. Ce que j'aime surtout dans les animaux, c'est leur candeur. Jugez donc combien j'ai dû souffrir par ma dernière maîtresse.

« C'était la bâtarde d'un prince. Belle, cela va sans dire ; sans cela, pourquoi l'aurais-je prise ? Mais elle gâtait cette grande qualité par une ambition malséante et difforme. C'était une femme qui voulait toujours faire l'homme. « Vous n'êtes pas un homme ! Ah ! si j'étais un homme !

42. Portraits of Mistresses

In a male boudoir – that is, a smoking room next to an upmarket bordello – four men were drinking and smoking. Not young nor yet old, neither handsome nor ugly. But old or young, they bore that unmistakable mark common to veterans of pleasure, something elusive, a sneering, chilly sadness that clearly says: "We have lived life up to the hilt, and now we are looking for something to love and value."

One of them brought up the subject of women. Not to mention them at all would have set a higher tone; but after a few drinks trite conversation is not beneath some wits. Then they listen to the chat in the way they would to dance music.

One of the four was saying: "All men were Cherubino's age once, the age when, lacking nymphs, we're happy to wrap our limbs round trees instead. Stage one of love. Stage two, we begin to exercise choice, and that's the start of decadence. That's when the search for beauty takes over. Though I say so myself, gentlemen, I reached long ago the climacteric of stage three, when beauty in itself is not enough, but must be mellowed with perfume, finery and the like. I'll admit that sometimes I even aspire, as though to some unknown bliss, to a fourth stage, the point of absolute calm. But all my life – except at Cherubino's age – I've been more susceptible than others to the debilitating stupidity, the irksome mediocrity of women. What I like most about animals is their candour. Be the judges, then, of the suffering my last mistress caused me.

"She was the illegitimate daughter of a prince. Beautiful, naturally. Why else would I have bothered? But she ruined this great asset with ugly, unseemly ambition. Here was a woman who wished always to play the man. 'You're not a man! Ah, if only I were

De nous deux, c'est moi qui suis l'homme ! » Tels étaient les insupport-ables refrains qui sortaient de cette bouche d'où je n'aurais voulu voir s'envoler que des chansons. À propos d'un livre, d'un poëme, d'un opéra pour lequel je laissais échapper mon admiration : « Vous croyez peut-être que cela est très-fort ? disait-elle aussitôt ; est-ce que vous vous con-naissez en force ? » et elle argumentait.

« Un beau jour elle s'est mise à la chimie ; de sorte qu'entre ma bouche et la sienne je trouvai désormais un masque de verre. Avec tout cela, fort bégueule. Si parfois je la bousculais par un geste un peu trop amoureux, elle se convulsait comme une sensitive violée...

— Comment cela a-t-il fini ? dit l'un des trois autres. Je ne vous savais pas si patient.

— Dieu, reprit-il, mit le remède dans le mal. Un jour je trouvai cette Minerve, affamée de force idéale, en tête-à-tête avec mon domestique, et dans une situation qui m'obligea à me retirer discrètement pour ne pas les faire rougir. Le soir je les congédiai tous les deux, en leur payant les arrérages de leurs gages.

— Pour moi, reprit l'interrupteur, je n'ai à me plaindre que de moi-même. Le bonheur est venu habiter chez moi, et je ne l'ai pas reconnu. La destinée m'avait, en ces derniers temps, octroyé la jouissance d'une femme qui était bien la plus douce, la plus soumise et la plus dévouée des créatures, et toujours prête ! et sans enthousiasme ! « Je le veux bien, puisque cela vous est agréable. » C'était sa réponse ordinaire. Vous don-neriez la bastonnade à ce mur ou à ce canapé, que vous en tireriez plus de soupirs que n'en tiraient du sein de ma maîtresse les élans de l'amour le plus forcené. Après un an de vie commune, elle m'avoua qu'elle n'avait jamais connu le plaisir. Je me dégoûtai de ce duel inégal, et cette fille in-comparable se maria. J'eus plus tard la fantaisie de la revoir, et elle me dit, en me montrant six beaux enfants : « Eh bien ! mon cher ami, l'épouse est encore aussi *vierge* que l'était votre maîtresse. » Rien n'était changé dans cette personne. Quelquefois je la regrette : j'aurais dû l'épouser. »

Les autres se mirent à rire, et un troisième dit à son tour :

« Messieurs, j'ai connu des jouissances que vous avez peut-être négligées. Je veux parler du comique dans l'amour, et d'un comique qui n'exclut pas l'admiration. J'ai plus admiré ma dernière maîtresse que vous n'avez pu, je

a man! Of us two, I'm the man!' Such were the insufferable inanities emanating from a mouth from which I wanted only melodies. If I said something favourable about a book, a poem, an opera: 'You really find that good?' she would say. 'What do you know about it?' And there'd be no stopping her.

"One day, she decided to take up chemistry. From then on, there was a glass mask between my lips and hers. And she was prudish to boot. If I ever tried something amorous, she became as hysterical as a violated virgin…"

"How did it all end?" asked one of the others. "I'd never have thought you so patient."

He answered: "With the disease God supplied the cure. One day I found this Minerva, searching for the force of the ideal, in the arms of my manservant, and in circumstances that obliged me to tiptoe away to spare their blushes. That same evening I made up their wages and sacked them."

"In my story," said the interrupter, "I'm the only one to blame. Happiness entered my house, and I failed to recognize it. Fate not so long since decreed I enjoy a woman of the utmost sweetness, docility, devotion, always available without getting excited! 'Why not, if that's what you want,' was her stock response. If you thumped a wall or crashed your fists into a divan, you'd get more sighs and moans than any skilful techniques could elicit from my mistress. After a year of living together, she admitted she never experienced fulfilment. I lost the taste for unequal combat, and this incomparable creature married someone else. Later, when I had an urge to see her again, she pointed out six bonny children, and said: 'The wife is as much the virgin as the mistress was.' Nothing had changed in that woman. I miss her now and then; I should have married her."

The other men laughed. The third one began:

"Gentlemen, I've known pleasures perhaps you've overlooked. I'm talking about the comedy of love – which nonetheless doesn't necessarily preclude admiration. I admired my last

crois, haïr ou aimer les vôtres. Et tout le monde l'admirait autant que moi. Quand nous entrions dans un restaurant, au bout de quelques minutes, chacun oubliait de manger pour la contempler. Les garçons eux-mêmes et la dame du comptoir ressentaient cette extase contagieuse jusqu'à oublier leurs devoirs. Bref, j'ai vécu quelque temps en tête-à-tête avec un *phénomène* vivant. Elle mangeait, mâchait, broyait, dévorait, engloutissait, mais avec l'air le plus léger et le plus insouciant du monde. Elle m'a tenu ainsi longtemps en extase. Elle avait une manière douce, rêveuse, anglaise et romanesque de dire : « J'ai faim ! » Et elle répétait ces mots jour et nuit en montrant les plus jolies dents du monde, qui vous eussent attendris et égayés à la fois. — J'aurais pu faire ma fortune en la montrant dans les foires comme *monstre polyphage*. Je la nourrissais bien ; et cependant elle m'a quitté… — Pour un fournisseur aux vivres, sans doute ? — Quelque chose d'approchant, une espèce d'employé dans l'intendance qui, par quelque tour de bâton à lui connu, fournit peut-être à cette pauvre enfant la ration de plusieurs soldats. C'est du moins ce que j'ai supposé.

— Moi, dit le quatrième, j'ai enduré des souffrances atroces par le contraire de ce qu'on reproche en général à l'égoïste femelle. Je vous trouve mal venus, trop fortunés mortels, à vous plaindre des imperfections de vos maîtresses ! »

Cela fut dit d'un ton fort sérieux, par un homme d'un aspect doux et posé, d'une physionomie presque cléricale, malheureusement illuminée par des yeux d'un gris clair, de ces yeux dont le regard dit : « Je veux ! » ou : « Il faut ! » ou bien : « Je ne pardonne jamais ! »

« Si, nerveux comme je vous connais, vous, G…, lâches et légers comme vous êtes, vous deux, K… et J…, vous aviez été accouplés à une certaine femme de ma connaissance, ou vous vous seriez enfuis, ou vous seriez morts. Moi, j'ai survécu, comme vous voyez. Figurez-vous une personne incapable de commettre une erreur de sentiment ou de calcul ; figurez-vous une sérénité désolante de caractère ; un dévouement sans comédie et sans emphase ; une douceur sans faiblesse ; une énergie sans violence. L'histoire de mon amour ressemble à un interminable voyage sur une surface pure et polie comme un miroir, vertigineusement monotone, qui aurait réfléchi tous mes sentiments et mes gestes avec l'exactitude ironique de ma propre conscience, de sorte que je ne pouvais pas me permettre un

mistress more, I suspect, than you loved or hated yours. Everyone admired her just as much. Whenever we entered a restaurant, the other diners quickly forgot their food to watch her. The waiters, the woman behind the counter, were so enchanted they stopped what they were doing. So for a while I shared my life with a living *phenomenon*. She ate, chewed, mashed, devoured, swallowed, but with the utmost ease. For a long time I was captivated. She had a sweet way of saying: "I'm hungry", floating, English, romantic. And she repeated those two words night and day, revealing the prettiest teeth in the world. You'd have been both seduced and amused. I could have made a fortune exhibiting her at fairs as a *polyphagous monster*. I kept her well fed, but still she left me..."

"For a caterer, no doubt."

"Almost. Someone with a vague job in the Supply Corps, who pulled strings and got her the rations of several soldiers. Or so I assumed."

The fourth man said: "I've put up with atrocious suffering caused not by what egotistical females are generally accused of, but the very opposite. I find it shabby that over-privileged people like you complain of your mistresses' failings!"

This was said in most serious tones by a man who looked calm and collected, the look almost of a clergyman, inappropriately sharpened by clear, grey eyes which said: "I demand!" or "It must be so!" or "I never forgive!"

"If you, G***, nervous as I know you are, or you, K*** and J***, superficial and cowardly, had been paired with a certain woman I know, either you'd have jumped ship or died. I, as you see, survived. Imagine someone who never gets an emotion or a calculation wrong; a character depressingly serene; devoted without airs and graces; gentle without weakness; energetic but not violent. The story of my love resembles an interminable voyage across a surface as pure and polished as a mirror, a giddy monotony, which, as it were, reflected all my feelings and actions with the ironical precision of my own conscience, so that I couldn't indulge an unreasonable action or feeling and not instantly come up against

geste ou un sentiment déraisonnable sans apercevoir immédiatement le reproche muet de mon inséparable spectre. L'amour m'apparaissait comme une tutelle. Que de sottises elle m'a empêché de faire, que je regrette de n'avoir pas commises ! Que de dettes payées malgré moi ! Elle me privait de tous les bénéfices que j'aurais pu tirer de ma folie personnelle. Avec une froide et infranchissable règle, elle barrait tous mes caprices. Pour comble d'horreur, elle n'exigeait pas de reconnaissance, le danger passé. Combien de fois ne me suis-je pas retenu de lui sauter à la gorge, en lui criant : « Sois donc imparfaite, misérable ! afin que je puisse t'aimer sans malaise et sans colère ! » Pendant plusieurs années, je l'ai admirée, le cœur plein de haine. Enfin, ce n'est pas moi qui en suis mort !

— Ah ! firent les autres, elle est donc morte ?

— Oui ! cela ne pouvait continuer ainsi. L'amour était devenu pour moi un cauchemar accablant. Vaincre ou mourir, comme dit la Politique, telle était l'alternative que m'imposait la destinée ! Un soir, dans un bois… au bord d'une mare… après une mélancolique promenade où ses yeux, à elle, réfléchissaient la douceur du ciel, et où mon cœur, à moi, était crispé comme l'enfer…

— Quoi !

— Comment !

— Que voulez-vous dire ?

— C'était inévitable. J'ai trop le sentiment de l'équité pour battre, outrager ou congédier un serviteur irréprochable. Mais il fallait accorder ce sentiment avec l'horreur que cet être m'inspirait ; me débarrasser de cet être sans lui manquer de respect. Que vouliez-vous que je fisse d'elle, *puisqu'elle était parfaite ?* »

Les trois autres compagnons regardèrent celui-ci avec un regard vague et légèrement hébété, comme feignant de ne pas comprendre et comme avouant implicitement qu'ils ne se sentaient pas, quant à eux, capables d'une action aussi rigoureuse, quoique suffisamment expliquée d'ailleurs.

Ensuite on fit apporter de nouvelles bouteilles, pour tuer le Temps qui a la vie si dure, et accélérer la vie qui coule si lentement.

the mute reproach of my constant spectre. Love seemed a moral tutor. What a tight rein she kept on me, preventing me from doing the rash things I wish I had done! The debts I honoured despite myself! She forestalled every possible benefit of my excesses. With icy, unwavering rigour, she blocked each of my whims. The worst of it was she expected no thanks once the danger had passed. I can't count the number of times I had to stop myself grabbing her round the neck and yelling: 'For the love of God, woman, be imperfect so I can love you without feeling sick or angry!' For several years, I admired her with a heart full of hatred. But I'm not the one who finished up dead."

"Ah," said the others, "she died then?"

"She did! Things couldn't continue like that. For me love had become a crippling nightmare. Win or die, as the political slogan goes, that was the choice destiny imposed on me! One night, in a wood… beside a pond… at the end of a melancholy walk during which her eyes had mirrored the sky's softness, and my heart felt in the grip of Hell…"

"Yes?"

"What?"

"What are you saying?"

"It was inevitable. I've too great a sense of justice to hit, abuse or send an irreproachable servant packing. But I had to square that with the horror this person caused in me, get rid of her *and* treat her correctly. How else, *since she was perfect?*"

The other three gave their companion a vague and mildly perplexed look, as if feigning incomprehension, as if tacitly admitting their inability to do something so rigorous, however well explained.

More bottles were brought in, to kill Time, which takes a lot of killing, and to speed up life, which drifts by so languidly.

1867

43. LE GALANT TIREUR

Comme la voiture traversait le bois, il la fit arrêter dans le voisinage d'un tir, disant qu'il lui serait agréable de tirer quelques balles pour *tuer* le Temps. Tuer ce monstre-là, n'est-ce pas l'occupation la plus ordinaire et la plus légitime de chacun ? — Et il offrit galamment la main à sa chère, délicieuse et exécrable femme, à cette mystérieuse femme à laquelle il doit tant de plaisirs, tant de douleurs, et peut-être aussi une grande partie de son génie.

Plusieurs balles frappèrent loin du but proposé ; l'une d'elles s'enfonça même dans le plafond ; et comme la charmante créature riait follement, se moquant de la maladresse de son époux, celui-ci se tourna brusquement vers elle, et lui dit : « Observez cette poupée, là-bas, à droite, qui porte le nez en l'air et qui a la mine si hautaine. Eh bien ! cher ange, *je me figure que c'est vous* ». Et il ferma les yeux et il lâcha la détente. La poupée fut nettement décapitée.

Alors s'inclinant vers sa chère, sa délicieuse, son exécrable femme, son inévitable et impitoyable Muse, et lui baisant respectueusement la main, il ajouta : « Ah ! mon cher ange, combien je vous remercie de mon adresse ! »

43. The Gallant Marksman

As his carriage was driving through the wood, he ordered it to stop at a shooting gallery, saying he wanted to let off a few rounds, to *kill* Time. Killing that monster is surely the most commonplace, legitimate occupation. Chivalrously, he offered his arm to his dear, delightful, execrable wife, woman of mystery, source of so much pleasure, so much pain, and perhaps a large part of his genius.

Several bullets landed wide of the target; one even lodged in the ceiling. And as the charming creature collapsed into mirth, mocking her husband's ineptitude, he wheeled round to face her, saying: "Observe that doll over there, to the right, with her nose in the air and a snooty expression. Well, dear heart, *I'll imagine it's you*." He closed his eyes and squeezed the trigger. The doll was decapitated.

With a bow towards his dear, delightful, execrable wife, his inevitable and pitiless Muse, brushing her hand with his lips, he said: "My angel, I bless you for my accuracy!"

44. LA SOUPE ET LES NUAGES

Ma petite folle bien-aimée me donnait à dîner, et par la fenêtre ouverte de la salle à manger je contemplais les mouvantes architectures que Dieu fait avec les vapeurs, les merveilleuses constructions de l'impalpable. Et je me disais, à travers ma contemplation : « — Toutes ces fantasmagories sont presque aussi belles que les yeux de ma belle bien-aimée, la petite folle monstrueuse aux yeux verts. »

Et tout à coup je reçus un violent coup de poing dans le dos, et j'entendis une voix rauque et charmante, une voix hystérique et comme enrouée par l'eau-de-vie, la voix de ma chère petite bien-aimée, qui disait : « — Allez-vous bientôt manger votre soupe, s…. b….. de marchand de nuages ? »

44. Soup and Clouds

My adorable little minx was serving me supper; through the dining room's open window I was contemplating the shifting architectures God creates from vapour, those marvellous constructions of the evanescent. As I watched, I thought: "Those apparitions are nearly as beautiful as my sweet lady's eyes, the mad little green-eyed monster."

Suddenly a violent fist landed in my back and I heard a charming, raw voice, hysterical and brandy-damaged, the voice of my little darling, saying: "Finish your soup, you bloody cloud merchant."

45. LE TIR ET LE CIMETIÈRE

— À *la vue du cimetière, Estaminet.* — « Singulière enseigne, — se dit notre promeneur, — mais bien faite pour donner soif ! À coup sûr, le maître de ce cabaret sait apprécier Horace et les poëtes élèves d'Épicure. Peut-être même connaît-il le raffinement profond des anciens Égyptiens, pour qui il n'y avait pas de bon festin sans squelette, ou sans un emblème quelconque de la brièveté de la vie ».

Et il entra, but un verre de bière en face des tombes, et fuma lentement un cigare. Puis, la fantaisie le prit de descendre dans ce cimetière, dont l'herbe était si haute et si invitante, et où régnait un si riche soleil.

En effet, la lumière et la chaleur y faisaient rage, et l'on eût dit que le soleil ivre se vautrait tout de son long sur un tapis de fleurs magnifiques engraissées par la destruction. Un immense bruissement de vie remplissait l'air, — la vie des infiniment petits, — coupé à intervalles réguliers par la crépitation des coups de feu d'un tir voisin, qui éclataient comme l'explosion des bouchons de champagne dans le bourdonnement d'une symphonie en sourdine.

Alors, sous le soleil qui lui chauffait le cerveau et dans l'atmosphère des ardents parfums de la Mort, il entendit une voix chuchoter sous la tombe où il s'était assis. Et cette voix disait : « Maudites soient vos cibles et vos carabines, turbulents vivants, qui vous souciez si peu des défunts et de leur divin repos ! Maudites soient vos ambitions, maudits soient vos calculs, mortels impatients, qui venez étudier l'art de tuer auprès du sanctuaire de la Mort ! Si vous saviez comme le prix est facile à gagner, comme le but est facile à toucher, et combien tout est néant, excepté la Mort, vous ne vous fatigueriez pas tant, laborieux vivants, et vous troubleriez moins souvent le sommeil de ceux qui depuis longtemps ont mis dans le But, dans le seul vrai but de la détestable vie ! »

45. *The Shooting Range and the Cemetery*

Cemetery View – "Strange name for an inn," thought our hiker, "but a good thirst-inducer! Our host obviously knows his Horace and the Epicureans. Perhaps he is even familiar with the subtle refinement of Ancient Egypt, where no banquet was complete without a skeleton or some sort of reminder of life's brevity."

He entered, drank his beer in full view of the tombs, and enjoyed a leisurely cigar. Then it struck him he would like to enter that cemetery, with its high, inviting grass and rich sunlight.

Indeed, the light and heat blazed down; it was as though an inebriated sun were sprawling full-length on a carpet of splendid flowers fed on destruction. A great rustle of life filled the air – the life of tiny things – rhythmically punctuated by the crackle of gunfire from the neighbouring range, explosions like champagne corks in a muted symphony.

Then, the sun searing his brains amid the pungency of Death, from inside the tomb where he was sitting, he heard a whisper: "You, the living, damn you, damn your restlessness, your targets and your rifles, damn your disregard for the dead and their eternal rest! A curse on your ambition, your strategies, impatient mortals who come to the sanctuary of the dead to perfect the art of killing! If you but knew how easy it is to win the prize, to hit the bull's eye, how all is nothingness, except Death, you busy mortals would conserve your energy and disturb less often the sleep of those who hit the target so long ago, the one true target of detestable existence!"

1867

46. PERTE D'AURÉOLE

« Eh ! quoi ! vous ici, mon cher ? Vous, dans un mauvais lieu ! vous, le buveur de quintessences ! vous, le mangeur d'ambroisie ! En vérité, il y a là de quoi me surprendre.

— Mon cher, vous connaissez ma terreur des chevaux et des voitures. Tout à l'heure, comme je traversais le boulevard, en grande hâte, et que je sautillais dans la boue, à travers ce chaos mouvant où la mort arrive au galop de tous les côtés à la fois, mon auréole, dans un mouvement brusque, a glissé de ma tête dans la fange du macadam. Je n'ai pas eu le courage de la ramasser. J'ai jugé moins désagréable de perdre mes insignes que de me faire rompre les os. Et puis, me suis-je dit, à quelque chose malheur est bon. Je puis maintenant me promener incognito, faire des actions basses, et me livrer à la crapule, comme les simples mortels. Et me voici, tout semblable à vous, comme vous voyez !

— Vous devriez au moins faire afficher cette auréole, ou la faire réclamer par le commissaire.

— Ma foi ! non. Je me trouve bien ici. Vous seul, vous m'avez reconnu. D'ailleurs la dignité m'ennuie. Ensuite je pense avec joie que quelque mauvais poëte la ramassera et s'en coiffera impudemment. Faire un heureux, quelle jouissance ! et surtout un heureux qui me fera rire ! Pensez à X, ou à Z ! Hein ! comme ce sera drôle ! »

46. *Losing a Halo*

"Well, well, my friend, you here? You of all men, in a disreputable place, you, the imbiber of quintessence, the consumer of ambrosia! It's no wonder I'm surprised."

"Listen, you know my fear of horses and carriages. Earlier, as I was darting across the boulevard, picking my way through the mud and chaos, death galloping in from every direction, a sudden movement I made dislodged my halo, which fell onto the filthy asphalt. I didn't have the courage to pick it up. I judged it would be less painful to lose my insignia than suffer broken bones. But every cloud has a silver lining, I told myself. Now I can go about incognito, do bad things, descend to the lowest levels. So, as you see, here I am, just like you!"

"At least put up a notice about your halo, or report the loss to the police."

"Absolutely not! I like it here. You're the only person who's recognized me. Anyway, I'm bored with being well behaved. Also, it fills me with joy to think there'll be some third-rate poet conceited enough to pick it up and stick it on his head. Is there any greater pleasure than to make someone happy, especially if he'll make me laugh? What if it was X, or Z? Wouldn't that be hilarious?"

47. MADEMOISELLE BISTOURI

Comme j'arrivais à l'extrémité du faubourg, sous les éclairs du gaz, je sentis un bras qui se coulait doucement sous le mien, et j'entendis une voix qui me disait à l'oreille : « Vous êtes médecin, monsieur ? »

Je regardai ; c'était une grande fille, robuste, aux yeux très-ouverts, légèrement fardée, les cheveux flottant au vent avec les brides de son bonnet.

« — Non ; je ne suis pas médecin. Laissez-moi passer. — Oh ! si ! vous êtes médecin. Je le vois bien. Venez chez moi. Vous serez bien content de moi, allez ! — Sans doute, j'irai vous voir, mais plus tard, *après le médecin,* que diable !... — Ah ! ah ! — fit-elle, toujours suspendue à mon bras, et en éclatant de rire, — vous êtes un médecin farceur, j'en ai connu plusieurs dans ce genre-là. Venez. »

J'aime passionnément le mystère, parce que j'ai toujours l'espoir de le débrouiller. Je me laissai donc entraîner par cette compagne, ou plutôt par cette énigme inespérée.

J'omets la description du taudis ; on peut la trouver dans plusieurs vieux poëtes français bien connus. Seulement, détail non aperçu par Régnier, deux ou trois portraits de docteurs célèbres étaient suspendus aux murs.

Comme je fus dorloté ! Grand feu, vin chaud, cigares ; et en m'offrant ces bonnes choses et en allumant elle-même un cigare, la bouffonne créature me disait : « Faites comme chez vous, mon ami, mettez-vous à l'aise. Ça vous rappellera l'hôpital et le bon temps de la jeunesse. — Ah çà ! où donc avez-vous gagné ces cheveux blancs ? Vous n'étiez pas ainsi, il n'y a pas encore bien longtemps, quand vous étiez interne de L... Je me souviens que c'était vous qui l'assistiez dans les opérations graves. En voilà un homme qui aime couper, tailler et rogner ! C'était vous qui lui tendiez les instruments, les fils et les éponges. — Et comme, l'opération faite, il disait fièrement, en regardant sa montre : « Cinq minutes, messieurs ! » — Oh ! moi, je vais partout. Je connais bien ces Messieurs. »

47. Mademoiselle Bistoury

As I was nearing the city's limits, under the haze of the gas lamps, I felt an arm slip through mine, and heard a voice in my ear: "Are you a doctor, Monsieur?"

I looked up and found a tall and well-built woman, wide-eyed, wearing light make-up, her hair like her hat ribbons catching the breeze.

"No. I'm not a doctor. Sorry."

"Yes, you are a doctor. I know. Come home with me. You won't regret it!" – "I'll be happy to visit you, but later, *after* you've found your doctor." – "Ah," she said; and, still clutching my arm, suddenly she laughed: "You're a doctor who likes playing tricks on people. I've met lots like you. Come."

I love mysteries, because I always think I can unravel them. Therefore I allowed myself to be led away by my companion, or should I say, by this opportune enigma.

I shall not describe the squalid room; it has been done by many famous French poets of old. But one detail overlooked by Régnier* – two or three portraits of celebrated doctors hung on the walls.

The fuss she made of me! A nice fire, mulled wine, cigars – and as she proffered these bounties and lit herself a cigar, the entertaining creature said: "Make yourself at home, my friend, and float back to the time you were at the hospital, to your young and happy days. But what's this, white hair? It wasn't like that not so long ago, when you were L***'s intern. I remember you assisted him with the serious operations. How that man liked to cut and snip and trim! You handed him the instruments, the thread, the swabs. And when the operation was over, he'd look at his watch and announce with pride: 'Five minutes, gentlemen!' You see how I get about? I know these gentlemen well."

Quelques instants plus tard, me tutoyant, elle reprenait son antienne, et me disait : « Tu es médecin, n'est-ce pas, mon chat ? »

Cet inintelligible refrain me fit sauter sur mes jambes. « Non ! criai-je furieux.

— Chirurgien, alors ?

— Non ! non ! à moins que ce ne soit pour te couper la tête ! S... s... c... de s... m... !

— Attends, reprit-elle, tu vas voir. »

Et elle tira d'une armoire une liasse de papiers, qui n'était autre chose que la collection des portraits des médecins illustres de ce temps, lithographiés par Maurin, qu'on a pu voir étalée pendant plusieurs années sur le quai Voltaire.

« Tiens ! le reconnais-tu celui-ci ?

— Oui ! c'est X. Le nom est au bas d'ailleurs ; mais je le connais personnellement.

— Je savais bien ! Tiens ! voilà Z. celui qui disait à son cours, en parlant de X. : « Ce monstre qui porte sur son visage la noirceur de son âme ! » Tout cela, parce que l'autre n'était pas de son avis dans la même affaire ! Comme on riait de ça à l'École, dans le temps ! Tu t'en souviens ? — Tiens, voilà K., celui qui dénonçait au gouvernement les insurgés qu'il soignait à son hôpital. C'était le temps des émeutes. Comment est-ce possible qu'un si bel homme ait si peu de cœur ? — Voici maintenant W., un fameux médecin anglais ; je l'ai attrapé à son voyage à Paris. Il a l'air d'une demoiselle, n'est-ce pas ? »

Et comme je touchais à un paquet ficelé, posé aussi sur le guéridon : « Attends un peu, dit-elle ; — ça, c'est les internes, et ce paquet-ci, c'est les externes. »

Et elle déploya en éventail une masse d'images photographiques, représentant des physionomies beaucoup plus jeunes.

« Quand nous nous reverrons, tu me donneras ton portrait, n'est-ce pas, chéri ?

— Mais, lui dis-je, suivant à mon tour, moi aussi, mon idée fixe, — pourquoi me crois-tu médecin ?

— C'est que tu es si gentil et si bon pour les femmes !

— Singulière logique ! me dis-je à moi-même.

Moments later, and using familiar language, she started the routine again: "Admit it, darling, you're a doctor."

This stupid refrain angered me so much I jumped to my feet and cried out: "I am not!"

"A surgeon, then?"

"No! Except when I cut off your head, you…" And I called her something unprintable.

"I'll prove it," she went on.

She took a bundle of papers from a cupboard, a series of Maurin's* lithographs of well-known contemporary physicians, which for some years had been for sale on the Quai Voltaire.

"This one, recognize him?"

"Yes. It's X. It's written at the bottom, though I do happen to know him personally."

"You see, I knew! Here; this is Z, the one who described X to his class as 'that monster who wears his black soul on his face'. Simply because they disagreed about a diagnosis. The mirth that caused among the medics! Remember? This one is K, the one who gave the authorities the names of the protesters he was treating in his hospital. It was the time of the riots*. How can such a nice-looking man have so little heart? Now here's W., a famous English doctor. I saw him when he was on a visit to Paris. He looks a bit like a girl, doesn't he?"

My hand was resting on a package tied with string, lying on a table. "Wait a moment," she said, "these are the interns; that packet there is the externs."

She spread out a large number of photographs of much younger faces.

"When we next meet, you'll give me your portrait, darling, won't you?"

I had my *idée fixe* as well: "But why do you think I'm a doctor?"

"Because you're so kind, and so good to women!"

"Bizarre logic!" I mused.

— Oh ! je ne m'y trompe guère ; j'en ai connu un bon nombre. J'aime tant ces messieurs, que, bien que je ne sois pas malade, je vais quelque-fois les voir, rien que pour les voir. Il y en a qui me disent froidement : « Vous n'êtes pas malade du tout ! » Mais il y en a d'autres qui me comprennent, parce que je leur fais des mines.

— Et quand ils ne te comprennent pas… ?

— Dame ! comme je les ai dérangés *inutilement,* je laisse dix francs sur la cheminée. — C'est si bon et si doux, ces hommes-là ! — j'ai dé-couvert à la Pitié un petit interne, qui est joli comme un ange, et qui est poli ! et qui travaille, le pauvre garçon ! Ses camarades m'ont dit qu'il n'avait pas le sou, parce que ses parents sont des pauvres qui ne peuvent rien lui envoyer. Cela m'a donné confiance. Après tout, je suis assez belle femme, quoique pas trop jeune. Je lui ai dit : « Viens me voir, viens me voir souvent. Et avec moi, ne te gêne pas ; je n'ai pas besoin d'argent. » Mais tu comprends que je lui ai fait entendre ça par une foule de façons ; je ne le lui ai pas dit tout crûment ; j'avais si peur de l'humilier, ce cher enfant ! — Eh bien ! croirais-tu que j'ai une drôle d'envie que je n'ose pas lui dire ? — Je voudrais qu'il vînt me voir avec sa trousse et son tablier, même avec un peu de sang dessus ! »

Elle dit cela d'un air fort candide, comme un homme sensible dirait à une comédienne qu'il aimerait : « Je veux vous voir vêtue du costume que vous portiez dans ce fameux rôle que vous avez créé. »

Moi, m'obstinant, je repris : « Peux-tu te souvenir de l'époque et de l'occasion où est née en toi cette passion si particulière ? »

Difficilement je me fis comprendre ; enfin j'y parvins. Mais alors elle me répondit d'un air très-triste, et même, autant que je peux me souve-nir, en détournant les yeux : « Je ne sais pas… je ne me souviens pas. »

Quelles bizarreries ne trouve-t-on pas dans une grande ville, quand on sait se promener et regarder ? La vie fourmille de monstres innocents. — Seigneur, mon Dieu ! vous, le Créateur, vous, le Maître ; vous qui avez fait la Loi et la Liberté ; vous, le souverain qui laissez faire, vous, le juge qui pardonnez ; vous qui êtes plein de motifs et de causes, et qui avez peut-être mis dans mon esprit le goût de l'horreur pour convertir mon cœur, comme la guérison au bout d'une lame ; Seigneur ayez pitié, ayez pitié des fous et des folles ! Ô Créateur ! peut-il exister des monstres aux yeux de Celui-là seul qui sait pourquoi ils existent, comment ils *se sont faits* et comment ils auraient pu ne pas se faire ?

"Oh, I'm nearly always right. I've known several. I so love medical men I'll sometimes go to see them when I'm not ill, just for the pleasure. Some can be curt: 'There's nothing wrong with you!' but others understand, because of the way I look at them."

"And when they don't understand?..."

"Oh, as I've troubled them *for nothing*, I just leave ten francs on the mantelpiece – but those men are so nice and understanding. In the Pitié Hospital I came across a young intern, so handsome, polite and hard-working. His colleagues told me he was broke; his parents couldn't afford to send him a bean. That settled it. I'm presentable, if not quite as young as I was. 'Come and see me, often. Tell me how much you want, I don't need the money.' Actually, I conveyed this to him in a roundabout way, nothing direct. I was scared of humiliating the poor boy. You might not think it, but I have a fantasy I can't bring myself to tell him – I'd like him to turn up with his surgical instruments and his apron, maybe splashed with a bit of blood."

This was said with apparent frankness, the way a skilful man might say to an actress he is wooing: "I'd love to see you in the dress you wore when you created that famous role."

I went on questioning: "Can you recall the time, the occasion your strange obsession started?"

It was difficult to make myself understood; finally I did. She replied, but so sadly and, as I recall, with her eyes averted: "I don't know... I can't remember."

The strange things one encounters in a city when one knows how to move around it and look! Life is teeming with innocent monsters. Lord God, Creator of everything, you who made Law and Liberty, sovereign who lets the world turn, judge who forgives, abundant in motives and causes, you who perhaps have given me the taste for horror so my heart may be converted, like healing obtained with the knife; Lord have mercy, have mercy on all mad men and women! O Creator, can there be monsters in the eyes of Him who alone knows why they exist, how they *came into being*, how they might *not have come into being*?

48. ANY WHERE OUT OF THE WORLD

N'IMPORTE OÙ HORS DU MONDE

Cette vie est un hôpital où chaque malade est possédé du désir de changer de lit. Celui-ci voudrait souffrir en face du poêle, et celui-là croit qu'il guérirait à côté de la fenêtre.

Il me semble que je serais toujours bien là où je ne suis pas, et cette question de déménagement en est une que je discute sans cesse avec mon âme.

« Dis-moi, mon âme, pauvre âme refroidie, que penserais-tu d'habiter Lisbonne ? Il doit y faire chaud, et tu t'y ragaillardirais comme un lézard. Cette ville est au bord de l'eau ; on dit qu'elle est bâtie en marbre, et que le peuple y a une telle haine du végétal, qu'il arrache tous les arbres. Voilà un paysage selon ton goût ; un paysage fait avec la lumière et le minéral, et le liquide pour les réfléchir ! »

Mon âme ne répond pas.

« Puisque tu aimes tant le repos, avec le spectacle du mouvement, veux-tu venir habiter la Hollande, cette terre béatifiante ? Peut-être te divertiras-tu dans cette contrée dont tu as souvent admiré l'image dans les musées. Que penserais-tu de Rotterdam, toi qui aimes les forêts de mâts, et les navires amarrés au pied des maisons ? »

Mon âme reste muette.

« Batavia te sourirait peut-être davantage ? Nous y trouverions d'ailleurs l'esprit de l'Europe marié à la beauté tropicale. »

Pas un mot. — Mon âme serait-elle morte ?

« En es-tu donc venue à ce point d'engourdissement que tu ne te plaises que dans ton mal ? S'il en est ainsi, fuyons vers les pays qui sont les analogies de la Mort. — Je tiens notre affaire, pauvre âme ! Nous ferons nos malles pour Tornéo. Allons plus loin encore, à l'extrême bout de la Baltique ; encore plus loin de la vie, si c'est possible ; installons-nous au

48. Anywhere out of the World*

Life is a hospital where every patient is possessed by the desire to change beds. One would like to suffer by the stove, another thinks he can recover beneath the window.

I think it would always be better for me wherever I am not, and changing places is a question I discuss constantly with my soul.

"So, my poor, shivering soul, what about Lisbon? It must be warm there, and you'd bask like a lizard. It's a city by the sea, made of marble, they say, and the locals loathe plant life so much they rip up all the trees. That's your sort of landscape, light and mineral with liquid reflections!"

My soul stays silent.

"As you need stillness while movement goes on around you, let's try Holland, that seraphic land. Perhaps you can free yourself in that realm whose depiction you have so often admired in museums. What would you make of Rotterdam, with your love of masts, and ships moored among the houses?"

My soul makes no reply.

"Perhaps Batavia* would be more welcome? And we'd find there the spirit of Europe married to the beauty of the tropics."

Not a word – has my soul died?

"Are you now so numb nothing gives you pleasure except your misery? If so, let's escape to countries that mean death. I know of one, my poor soul! Let's pack our bags and go to Tornio*. Or further, to the farthest-flung Baltic; if possible, to somewhere even more removed from life. Let's make the

pôle. Là le soleil ne frise qu'obliquement la terre, et les lentes alternatives de la lumière et de la nuit suppriment la variété et augmentent la monotonie, cette moitié du néant. Là, nous pourrons prendre de longs bains de ténèbres, cependant que, pour nous divertir, les aurores boréales nous enverront de temps en temps leurs gerbes roses, comme des reflets d'un feu d'artifice de l'Enfer ! »

Enfin, mon âme fait explosion, et sagement elle me crie : « N'importe où ! n'importe où ! pourvu que ce soit hors de ce monde ! »

Pole our home. There the sun glances off the earth at an oblique angle, and the slow alternations of light and dark impede variety and increase monotony, that complement of nothingness. There we will take long baths of shadow, while, for our delectation, the Aurora Borealis will, from time to time, send down its rosy bouquets, like reflections of Hell's fireworks!"

Finally, my soul erupts, and cries out its wise words: "Anywhere, anywhere, so long as it's out of this world!"

1867

49. ASSOMMONS LES PAUVRES !

Pendant quinze jours je m'étais confiné dans ma chambre, et je m'étais entouré des livres à la mode dans ce temps-là (il y a seize ou dix-sept ans) ; je veux parler des livres où il est traité de l'art de rendre les peuples heureux, sages et riches, en vingt-quatre heures. J'avais donc digéré, — avalé, veux-je dire, — toutes les élucubrations de tous ces entrepreneurs de bonheur public, — de ceux qui conseillent à tous les pauvres de se faire esclaves, et de ceux qui leur persuadent qu'ils sont tous des rois détrônés. — On ne trouvera pas surprenant que je fusse alors dans un état d'esprit avoisinant le vertige ou la stupidité.

Il m'avait semblé seulement que je sentais, confiné au fond de mon intellect, le germe obscur d'une idée supérieure à toutes les formules de bonne femme dont j'avais récemment parcouru le dictionnaire. Mais ce n'était que l'idée d'une idée, quelque chose d'infiniment vague.

Et je sortis avec une grande soif. Car le goût passionné des mauvaises lectures engendre un besoin proportionnel du grand air et des rafraîchissants.

Comme j'allais entrer dans un cabaret, un mendiant me tendit son chapeau, avec un de ces regards inoubliables qui culbuteraient les trônes, si l'esprit remuait la matière, et si l'œil d'un magnétiseur faisait mûrir les raisins.

En même temps, j'entendis une voix qui chuchotait à mon oreille, une voix que je reconnus bien ; c'était celle d'un bon Ange, ou d'un bon Démon, qui m'accompagne partout. Puisque Socrate avait son bon Démon, pourquoi n'aurais-je pas mon bon Ange, et pourquoi n'aurais-je pas l'honneur, comme Socrate, d'obtenir mon brevet de folie, signé du subtil Lélut et du bien-avisé Baillarger ?

Il existe cette différence entre le Démon de Socrate et le mien, que celui de Socrate ne se manifestait à lui que pour défendre, avertir, empêcher, et que le mien daigne conseiller, suggérer, persuader. Ce pauvre Socrate n'avait qu'un Démon prohibiteur ; le mien est un grand affirmateur, le mien est un Démon d'action, ou Démon de combat.

49. Let's Whack the Poor!

For a fortnight I had kept to my room, surrounded by modish books of the day (sixteen or seventeen years ago), books of recipes for universal happiness – wisdom and wealth in just twenty-four hours. I had digested, swallowed rather, every lucubration of these purveyors of public welfare, of those who advise the poor to enslave themselves, or who convince them they are kings without kingdoms. It will scarcely surprise that I was close to vertigo or idiocy.

But I sensed, deep inside my head, the dark seed of an idea, far superior to the hocus-pocus I encountered in works of reference. Only the idea of an idea, infinitely vague.

And I quit my room raging with thirst, because wild addiction to bad literature had instilled in me a proportionate want of clear air and refreshment.

I was about to enter a tavern when a beggar held out his cap with a look to topple thrones, if mind could move matter, or a hypnotist ripen grapes.

At the same time, I heard a voice whispering in my ear, a voice I knew well, that of a good Angel, perhaps a good Daemon, with me everywhere I go. Since Socrates had his good Daemon, why not I my good Angel? And why should I not, like Socrates, be honoured with my own certificate of madness, signed by the subtle Lélut and the authoritative Baillarger?*

There is this difference between Socrates's Daemon and mine; Socrates's appeared to him only to protect, warn, prevent, while mine is happy to counsel, suggest, persuade. Poor Socrates had only a Daemon of restriction; whereas mine is one of affirmation, a Daemon of action and combat.

Or, sa voix me chuchotait ceci : « Celui-là seul est l'égal d'un autre, qui le prouve, et celui-là seul est digne de la liberté, qui sait la conquérir. »

Immédiatement, je sautai sur mon mendiant. D'un seul coup de poing, je lui bouchai un œil, qui devint, en une seconde, gros comme une balle. Je cassai un de mes ongles à lui briser deux dents, et comme je ne me sentais pas assez fort, étant né délicat et m'étant peu exercé à la boxe, pour assommer rapidement ce vieillard, je le saisis d'une main par le collet de son habit, de l'autre, je l'empoignai à la gorge, et je me mis à lui secouer vigoureusement la tête contre un mur. Je dois avouer que j'avais préalablement inspecté les environs d'un coup d'œil, et que j'avais vérifié que dans cette banlieue déserte je me trouvais, pour un assez long temps, hors de la portée de tout agent de police.

Ayant ensuite, par un coup de pied lancé dans le dos, assez énergique pour briser les omoplates, terrassé ce sexagénaire affaibli, je me saisis d'une grosse branche d'arbre qui traînait à terre, et je le battis avec l'énergie obstinée des cuisiniers qui veulent attendrir un beefteack.

Tout à coup, — ô miracle ! ô jouissance du philosophe qui vérifie l'excellence de sa théorie ! — je vis cette antique carcasse se retourner, se redresser avec une énergie que je n'aurais jamais soupçonnée dans une machine si singulièrement détraquée, et, avec un regard de haine qui me parut de *bon augure,* le malandrin décrépit se jeta sur moi, me pocha les deux yeux, me cassa quatre dents, et avec la même branche d'arbre me battit dru comme plâtre. — Par mon énergique médication, je lui avais donc rendu l'orgueil et la vie.

Alors, je lui fis force signes pour lui faire comprendre que je considérais la discussion comme finie, et me relevant avec la satisfaction d'un sophiste du Portique, je lui dis : « Monsieur, *vous êtes mon égal !* veuillez me faire l'honneur de partager avec moi ma bourse ; et souvenez-vous, si vous êtes réellement philanthrope, qu'il faut appliquer à tous vos confrères, quand ils vous demanderont l'aumône, la théorie que j'ai eu la *douleur* d'essayer sur votre dos. »

Il m'a bien juré qu'il avait compris ma théorie, et qu'il obéirait à mes conseils.

His voice whispered: "A man is the equal of another only when he proves it, and worthy of liberty only when he wins it."

And so I went for my beggar. A single blow closed one eye, which instantly swelled up like a balloon. I broke a fingernail smashing two of his teeth, and as I did not feel strong enough – sickly from birth, and no boxer – to lay the old fellow out there and then, I grabbed him by the collar with one hand, and with the other I gripped his throat and began to bash his head vigorously against a wall. I admit I already knew that in this tranquil part of town there would be no police patrol for a while.

After I had floored the doddery sexagenarian with a kick to his back hard enough to break a shoulder blade, I picked up a heavy branch and whacked him with the determination of a cook tenderizing steak.

Suddenly – miracle, the ecstasy of the philosopher who has proved his theory! – I saw the ancient carcass stir, then sit up with an energy I would never have suspected in such a broken-down machine; and then, with a look I saw as a *good omen*, the decrepit villain came at me, gave me two black eyes, broke four of my teeth, and with the same branch beat me to a pulp. My strong dose of medicine had restored his pride and his life.

So I signalled to him I considered the discussion closed, and picking myself up with the satisfaction of a Stoic sophist, I said: "Monsieur, *I salute my equal*! Do me the honour of sharing my purse, and, remember, if you are a philanthropist and one of your peers begs money from you, you must apply the theory it has *pained* me to test on your back."

He assured me he had understood my theory, and would follow my precepts.

50. LES BONS CHIENS

À M. JOSEPH STEVENS

Je n'ai jamais rougi, même devant les jeunes écrivains de mon siècle, de mon admiration pour Buffon ; mais aujourd'hui ce n'est pas l'âme de ce peintre de la nature pompeuse que j'appellerai à mon aide. Non.

Bien plus volontiers je m'adresserais à Sterne, et je lui dirais : « Descends du ciel, ou monte vers moi des champs Élyséens, pour m'inspirer en faveur des bons chiens, des pauvres chiens, un chant digne de toi, sentimental farceur, farceur incomparable ! Reviens à califourchon sur ce fameux âne qui t'accompagne toujours dans la mémoire de la postérité ; et surtout que cet âne n'oublie pas de porter, délicatement suspendu entre ses lèvres, son immortel macaron ! »

Arrière la muse académique ! Je n'ai que faire de cette vieille bégueule. J'invoque la muse familière, la citadine, la vivante, pour qu'elle m'aide à chanter les bons chiens, les pauvres chiens, les chiens crottés, ceux-là que chacun écarte, comme pestiférés et pouilleux, excepté le pauvre dont ils sont les associés, et le poëte qui les regarde d'un œil fraternel.

Fi du chien bellâtre, de ce fat quadrupède, danois, king-charles, carlin ou gredin, si enchanté de lui-même qu'il s'élance indiscrètement dans les jambes ou sur les genoux du visiteur, comme s'il était sûr de plaire, turbulent comme un enfant, sot comme une lorette, quelquefois hargneux et insolent comme un domestique ! Fi surtout de ces serpents à quatre pattes, frissonnants et désœuvrés, qu'on nomme levrettes, et qui ne logent même pas dans leur museau pointu assez de flair pour suivre la piste d'un ami, ni dans leur tête aplatie assez d'intelligence pour jouer au domino !

À la niche, tous ces fatigants parasites !

Qu'ils retournent à leur niche soyeuse et capitonnée ! Je chante le chien crotté, le chien pauvre, le chien sans domicile, le chien flâneur, le

50. Good Dogs

FOR JOSEPH STEVENS*

Even among young writers of my time I have never been ashamed of my admiration for Buffon; but today it is not the soul of that painter of Nature's grandeur I call to my aid. No.

I would much rather turn to Laurence Sterne and say: "Descend from on high, or rise from Elysian Fields, inspire me to compose a lyric in praise of good dogs, poor dogs, something worthy of you, sentimental prankster, incomparable jester! Come back astride the famous ass, your eternal companion in posterity's memory; and make sure the ass remembers to bring its immortal maca-roon, delicately held between its lips!"

Down with the academic muse! I have no use for that old prude. I invoke the everyday muse, the city muse, the living muse, to help me sing of good dogs, poor dogs, muddy dogs, dogs everybody shuns thinking them rabid or flea-ridden; all, that is, except the poor whose companions they are, and poets who see them as brothers!

No more canine dandies, quadruped fops, Great Danes, King Charles and cocker spaniels, so pleased with themselves they tangle with the legs of visitors, or jump onto their laps, certain they bring pleasure, boisterous as children, vacant as a whore, sometimes tetchy and insolent as a menial! Above all, no more of those four-legged snakes, shivering idly and known as greyhounds, whose pointed muzzles are not even equipped to follow the scent of a friend, and which lack the brain in those flat skulls to play dominoes!

Back to the kennel, all those tedious parasites!

Back to their silk-lined, padded kennels! I sing the poor, dirt-caked mutt, the homeless drifter, the circus dog, the dog whose

chien saltimbanque, le chien dont l'instinct, comme celui du pauvre, du bohémien et de l'histrion, est merveilleusement aiguillonné par la nécessité, cette si bonne mère, cette vraie patronne des intelligences !

Je chante les chiens calamiteux, soit ceux qui errent, solitaires, dans les ravines sinueuses des immenses villes, soit ceux qui ont dit à l'homme abandonné, avec des yeux clignotants et spirituels : « Prends-moi avec toi, et de nos deux misères nous ferons peut-être une espèce de bonheur ! »

« *Où vont les chiens ?* » disait autrefois Nestor Roqueplan dans un immortel feuilleton qu'il a sans doute oublié, et dont moi seul, et Sainte-Beuve peut-être, nous nous souvenons encore aujourd'hui.

Où vont les chiens, dites-vous, hommes peu attentifs ? Ils vont à leurs affaires.

Rendez-vous d'affaires, rendez-vous d'amour. À travers la brume, à travers la neige, à travers la crotte, sous la canicule mordante, sous la pluie ruisselante, ils vont, ils viennent, ils trottent, ils passent sous les voitures, excités par les puces, la passion, le besoin ou le devoir. Comme nous, ils se sont levés de bon matin, et ils cherchent leur vie ou courent à leurs plaisirs.

Il y en a qui couchent dans une ruine de la banlieue et qui viennent, chaque jour, à heure fixe, réclamer la sportule à la porte d'une cuisine du Palais-Royal ; d'autres qui accourent, par troupes, de plus de cinq lieues, pour partager le repas que leur a préparé la charité de certaines pucelles sexagénaires, dont le cœur inoccupé s'est donné aux bêtes, parce que les hommes imbéciles n'en veulent plus.

D'autres qui, comme des nègres marrons, affolés d'amour, quittent, à de certains jours, leur département pour venir à la ville, gambader pendant une heure autour d'une belle chienne, un peu négligée dans sa toilette, mais fière et reconnaissante.

Et ils sont tous très-exacts, sans carnets, sans notes et sans portefeuilles.

Connaissez-vous la paresseuse Belgique, et avez-vous admiré comme moi tous ces chiens vigoureux attelés à la charrette du boucher, de la laitière ou du boulanger, et qui témoignent, par leurs aboiements triomphants, du plaisir orgueilleux qu'ils éprouvent à rivaliser avec les chevaux ?

En voici deux qui appartiennent à un ordre encore plus civilisé ! Permettez-moi de vous introduire dans la chambre du saltimbanque absent.

instinct, like a down-and-out's, a gypsy's, an actor's, is wonderfully sharpened by necessity, real mother, true patron of intelligence!

I sing of calamitous dogs, those that wander among the winding ravines of great cities, or those whose sparkling, winning eyes have asked some misfit: "Take me with you, and our combined wretchedness might make some sort of happiness!"

"*Where do dogs go?*" asked Nestor Roqueplan* once, in an immortal piece doubtless he has forgotten, and which only I and possibly Sainte-Beuve still recall.

Where are the dogs going, you ask, unobservant humans? About their business.

Business appointments, romantic assignations. Through fog, snow, mud, in scorching heat, teeming rain, they come, they go, they trot, they wriggle under carriages, taunted by fleas, passion, need, duty. Like us, they are up early, and they are out earning their crust or having fun.

There are those that bed down in some outlying hovel before the daily raid, always at the same time, on the waste bins behind a Palais-Royal restaurant. Others troop in from miles away to share a meal prepared out of the goodness of their under-employed hearts by old maids who devote themselves to animals now they are surplus to the needs of imbecilic men.

There are other dogs that, like escaping slaves, wild for love, leave their fastness and head into town on days when an attractive bitch can be sniffed for an hour or so, too casual in her toilette, but proud and appreciative of the attention.

And – without diaries, notebooks, wallets – they are all very organized.

Do you know lethargic Belgium, and have you, like me, marvelled at all those dogs hitched to the carts of butchers or milkmaids or bakers, whose triumphant bark betokens the pride and pleasure they feel, rivalling the horses?

Here are two more that belong to an even more civilized order. Permit me to take you inside the room of the absent acrobat.

Un lit, en bois peint, sans rideaux, des couvertures traînantes et souillées de punaises, deux chaises de paille, un poêle de fonte, un ou deux instruments de musique détraqués. Oh ! le triste mobilier ! Mais regardez, je vous prie, ces deux personnages intelligents, habillés de vêtements à la fois éraillés et somptueux, coiffés comme des troubadours ou des militaires, qui surveillent, avec une attention de sorciers, *l'œuvre sans nom* qui mitonne sur le poêle allumé, et au centre de laquelle une longue cuiller se dresse, plantée comme un de ces mâts aériens qui annoncent que la maçonnerie est achevée.

N'est-il pas juste que de si zélés comédiens ne se mettent pas en route sans avoir lesté leur estomac d'une soupe puissante et solide ? Et ne pardonnerez-vous pas un peu de sensualité à ces pauvres diables qui ont à affronter tout le jour l'indifférence du public et les injustices d'un directeur qui se fait la grosse part et mange à lui seul plus de soupe que quatre comédiens ?

Que de fois j'ai contemplé, souriant et attendri, tous ces philosophes à quatre pattes, esclaves complaisants, soumis ou dévoués, que le dictionnaire républicain pourrait aussi bien qualifier d'*officieux,* si la république, trop occupée du *bonheur* des hommes, avait le temps de ménager l'*honneur* des chiens !

Et que de fois j'ai pensé qu'il y avait peut-être quelque part (qui sait, après tout ?), pour récompenser tant de courage, tant de patience et de labeur, un paradis spécial pour les bons chiens, les pauvres chiens, les chiens crottés et désolés. Swedenborg affirme bien qu'il y en a un pour les Turcs et un pour les Hollandais !

Les bergers de Virgile et de Théocrite attendaient, pour prix de leurs chants alternés, un bon fromage, une flûte du meilleur faiseur, ou une chèvre aux mamelles gonflées. Le poëte qui a chanté les pauvres chiens a reçu pour récompense un beau gilet, d'une couleur, à la fois riche et fanée, qui fait penser aux soleils d'automne, à la beauté des femmes mûres et aux étés de la Saint-Martin.

Aucun de ceux qui étaient présents dans la taverne de la rue Villa-Hermosa n'oubliera avec quelle pétulance le peintre s'est dépouillé de son gilet en faveur du poëte, tant il a bien compris qu'il était bon et honnête de chanter les pauvres chiens.

A painted wooden bed without curtains, scattered, lice-infested bedclothes, two straw-bottomed chairs, an iron stove, one or two damaged musical instruments. Sad furniture! But please have a look at those two intelligent characters in their sumptuous but frayed get-up, with their army or minstrel hairdo, their magician's gaze fixed on the stove where *work without a name** simmers, and in which stands a long, wooden spoon, like one of those masts put up to indicate a building is complete.

Is it not right such zealous actors do not take to the road without lining their stomachs with a good, solid soup? Can you not pardon a trace of sensuality in those poor devils who, day in, day out, must contend with the public's indifference and the injustice of an impresario who keeps the lion's share of the proceeds, and alone drinks more soup than four performers?

How often, smiling, my heart melting, have I watched those four-legged philosophers, willing slaves, submissive, devoted, which the republican dictionary might categorize as *unpaid workers*, should the republic put aside its obsession with the *happiness* of Man, and attend to the *honour* of dogs!

And how often have I mused that there must exist a place (who can really say?) where so much courage, patience and hard work is rewarded; a special paradise for good dogs, poor dogs, bespattered dogs, inconsolable dogs. Isn't Swedenborg clear there is a paradise for Turks, another for the Dutch?

As payment for their songs, Virgil's and Theocritus's shepherds expected good cheese, a well-crafted flute, a goat heavy with milk. The poet who has celebrated poor old dogs has been rewarded with a fine waistcoat whose rich colour has faded and evokes autumn sun, the beauty of mature women, Indian summers.

No one present in the tavern on the Rue Villa-Hermosa* will forget how insistently the painter removed his waistcoat in favour of the poet, understanding so well how right it was to praise poor dogs.

Tel un magnifique tyran italien, du bon temps, offrait au divin Arétin soit une dague enrichie de pierreries, soit un manteau de cour, en échange d'un précieux sonnet ou d'un curieux poëme satirique.

Et toutes les fois que le poëte endosse le gilet du peintre, il est contraint de penser aux bons chiens, aux chiens philosophes, aux étés de la Saint-Martin et à la beauté des femmes très-mûres.

Just as once, in better days, a magnificent Italian tyrant offered the divine Aretino* either a gem-encrusted dagger or a court dress coat in exchange for a precious sonnet or a curious satirical poem.

Now, whenever the poet puts on the painter's waistcoat, it makes him think of good dogs, philosopher dogs, Indian summers and the beauty of mature women.

1865, 1866, 1866, 1867

ÉPILOGUE

Le cœur content, je suis monté sur la montagne
D'où l'on peut contempler la ville en son ampleur,
Hôpital, lupanars, purgatoire, enfer, bagne,

Où toute énormité fleurit comme une fleur.
Tu sais bien, ô Satan, patron de ma détresse,
Que je n'allais pas là pour répandre un vain pleur ;

Mais comme un vieux paillard d'une vieille maîtresse,
Je voulais m'enivrer de l'énorme catin
Dont le charme infernal me rajeunit sans cesse.

Que tu dormes encor dans les draps du matin,
Lourde, obscure, enrhumée, ou que tu te pavanes
Dans les voiles du soir passementés d'or fin,

Je t'aime, ô capitale infâme ! Courtisanes
Et bandits, tels souvent vous offrez des plaisirs
Que ne comprennent pas les vulgaires profanes.

EPILOGUE

Content, I climbed the hill
To contemplate the city spread below –
Hospital, bordellos, purgatory, hell, jail –

Each of its enormities a flower in bloom.
Lucifer, patron of my distress, you know full well
I was there not to shed a futile tear,

But, like an old roué with an old mistress,
To get drunk on that great whore
Whose satanic charm endlessly restores my youth.

Whether still sleeping, wrapped in morning's sheets,
Heavy, rheumy, dark, or showing off
Your gold-trimmed evening gown,

Infamous capital, I love you! The pleasures
Often you propose – crime, prostitution, more –
The Great Unwashed fail to understand.

Notes

p. 3, *Gaspard de la nuit*: The influential collection of prose poems by Aloysius Bertrand (1807–41), published posthumously in 1842.

p. 3, *the glazier's grating cry:* Houssaye's prose poem 'The Glazier's Song', published in 1850.

p. 11, *Confiteor*: In liturgy, the acknowledgement of sin and a plea for mercy.

p. 17, *Sylphid*: The "Sylphid" appears in the *Memoirs from Beyond the Grave* by François-René de Chateaubriand (1768–1848).

p. 29, *Minos, Aeacus and Rhadamanthus*: In Greek mythology, judges of Hell.

p. 33, *tumbler*: A double meaning – acrobat and prostitute – is implied by Baudelaire's *sauteuse*.

p. 33, *Venustra*: Venus.

p. 39, *bite you, swallow you down, kill you at his pleasure*: An allusion, slightly altered, to La Fontaine's fable 'The Frogs Asking for a King' of 1693.

p. 45, *Vauvenargues*: The French moralist Marquis de Vauvenargues (1715–47).

p. 65, *black tulip and my blue dahlia*: *The Black Tulip* is the title of a novel by Alexandre Dumas *père*. 'Le Dahlia bleu'('The Blue Dahlia') is a song by Pierre Dupont (1821–70).

p. 89, *Santerre*: Antoine-Joseph Santerre (1752–1809), commander of the National Guard, ordered that drums be sounded to cover the voice of Louis XVI at his execution.

p. 101, *Hebe and Ganymede*: Ganymede was a handsome Trojan prince, abducted by Zeus, and made cup-bearer to the gods, thereby usurping Hebe, Zeus's own daughter.

p. 139, *thyrsus*: A rod wrapped round with vines or ivy, and associated with Dionysus, who is often represented holding one.

p. 141, *Cambrinus*: The mythical inventor of beer.

p. 151, *the witches of Thessaly*: A reference to an episode in *Pharsalia*, by the Roman poet Lucan (39–65 AD).

p. 179, *Régnier*: Mathurin Régnier (1573–1613), satirical French poet.

p. 181, *Maurin's lithographs*: Nicolas-Eustache Maurin (1799–1850), whose lithographs *Contemporary Celebrities* (1842) were famous at the time.

p. 181, *the riots*: The popular uprising of 1848.

p. 185, *Anywhere out of the World*: The title is taken from Thomas Hood's (1799–1845) poem 'Bridge of Sighs', which Baudelaire translated in 1865.

p. 185, *Batavia*: An Indonesian port, now Djakarta.

p. 185, *Tornio*: A port in Finland, near the Swedish frontier.

p. 189, *the subtle Lélut and the authoritative Baillarger*: Two famous medical men of Baudelaire's time, alienists who claimed that Socrates had been mad.

p. 193, *Joseph Stevens*: A painter of animals who befriended Baudelaire in Brussels during the latter's declining years.

p. 195, *Nestor Roqueplan*: The journalist and theatre director Nestor Roqueplan (1804–70).

p. 197, *work without a name*: Possibly an allusion to *Macbeth*, Act IV, Sc. 1: "What is't you do?" "A deed without a name."

p. 197, *the Rue Villa-Hermosa*: This street in Brussels contained a tavern much loved by artists.

p. 199, *Aretino*: Pietro Aretino (1492–1556) the Italian court poet known for his ferocious satires.

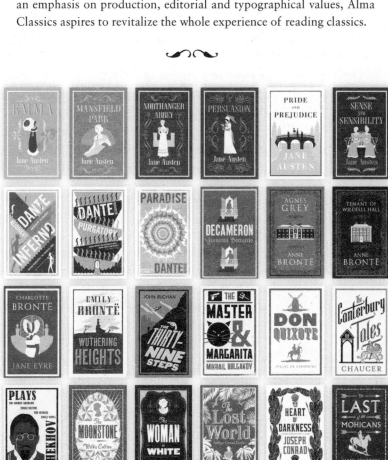

For our complete list and latest offers

visit

almabooks.com/evergreens

ALMA CLASSICS

ALMA CLASSICS aims to publish mainstream and lesser-known European classics in an innovative and striking way, while employing the highest editorial and production standards. By way of a unique approach the range offers much more, both visually and textually, than readers have come to expect from contemporary classics publishing.

LATEST TITLES PUBLISHED BY ALMA CLASSICS

www.almaclassics.com